AF596717

NOUVEAU TRAITÉ

D'ARPENTAGE

ET

DE GÉODÉSIE PRATIQUE.

Ouvrages du même auteur,

CHEZ LE MÊME LIBRAIRE :

LA VRAIE ARITHMÉTIQUE

DES ÉCOLES PRIMAIRES ET DES PENSIONNATS,

Par demandes et par réponses,

A L'USAGE DES DEUX SEXES.

Un fort volume in-12, cart. 1 fr. 75 c.

RÉCUEIL DE MODÈLES D'ACTES SOUS SEING PRIVÉ, renfermant des annotations importantes tirées du Code Napoléon, à l'usage des écoles primaires. In-12, cart. 0 fr. 50 c.

PETITE ARITHMÉTIQUE MÉTHODIQUE, par demandes et par réponses, à l'usage des commençants, pour les écoles primaires des deux sexes, contenant les quatre opérations de l'arithmétique, les nombres décimaux, le système métrique, de nombreux exercices gradués, et plus de 100 problèmes à résoudre. In-18, prix, cart. 0 fr. 40 c.

Paraîtront prochainement :

Les **SOLUTIONS RAISONNÉES** des problèmes renfermés dans la Vraie Arithmétique des écoles primaires. In-12, prix, cart. 1 fr.

NOUVEAU TRAITÉ
D'ARPENTAGE

ET

DE GÉODÉSIE PRATIQUE,

PAR DEMANDES ET PAR RÉPONSES,

A L'USAGE

DES ÉCOLES PRIMAIRES ET DES PENSIONNATS,

CONTENANT :

L'Arpentage proprement dit,
La mesure des volumes,
La levée des plans,
Le nivellement,
La mesure des bois équarris et en grume,
Le jaugeage des futailles,

La Géodésie ou l'art de diviser les terrains, d'après des procédés nouveaux et fort simples. De nombreux exercices raisonnés servent d'exercices et d'application.

Cet ouvrage, qui est le seul dans son genre, est orné de 56 planches en regard du texte,

PAR

M. D. Ricard.

Prix, cart. 1 fr. 50 cent.

PARIS,
LIBRAIRIE CLASSIQUE D'EUGÈNE BELIN,
RUE DE VAUGIRARD, N° 52,
DERRIÈRE LE SÉMINAIRE DE SAINT-SULPICE.

1856.

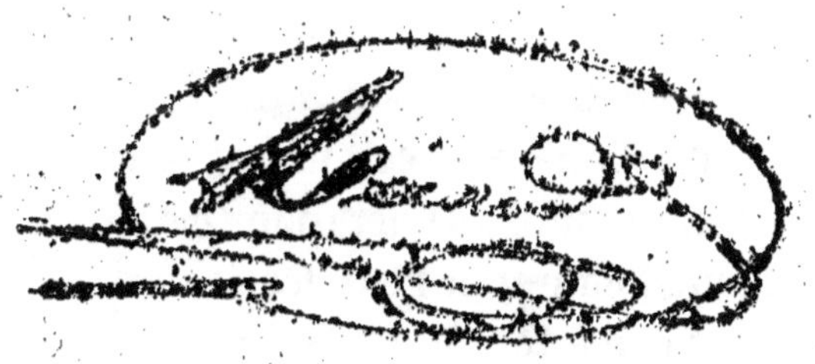

ERRATA.

Page 45, ligne 3, au lieu de : *deux arcs*, lisez : *deux axes*.
— 57, — 9, au lieu de : *de trois côtés*, lisez : *des trois côtés*.
— 59, — 3, au lieu de : *du carré*, lisez : *des carrés*.
— id., — 24, au lieu de : *le carré*, lisez : *les carrés*.
— 65, — 4, au lieu de : (*fig.* 68), lisez : (*fig.* 69).
— id., — 34, au lieu de : (*fig.* 69), lisez : (*fig.* 68).
— 86, — dernière ligne, au lieu de : 28,195, lisez : 28,192.
— 95, — à l'avant-dernière ligne, au lieu de : du point J, lisez : du point I.
— 99, — 31, au lieu de : 103 m. 83, lisez : 103 m. 93.
— 103, — 7, au lieu de : (n° 44), lisez : (n° 45).
— 105, — 28, au lieu de : *largeur*, lisez : *longueur*.
— 105, — 34, au lieu de : *et il réreste*, supprimez la syllabe *ré*.
— 106, — A la 2e multiplication 1re partie, au lieu de : *avec*, lisez : *par*.
— 107, — 20, au lieu de : $\frac{66+75,79,}{2}$ lisez : $\frac{66+75,69.}{2}$
— 108, — A la seconde addition pour l'opération de la 1re partie, au lieu de × 22, lisez + 22.
— 108, — à l'avant dernière ligne, au lieu de : 28,16, lisez : 28,165.

On lit une figure de Géométrie en en faisant le tour. Ainsi, page 50, *fig.* 55, au lieu de lire A B CD, il faudrait lire A C BD ; les lettres ont été mal placées en les gravant.

On doit aussi lire un triangle en mettant au *milieu* la lettre qui est au sommet de l'angle d'où l'on abaisse la perpendiculaire.

Ces irrégularités sont peu de chose quant à l'importance; néanmoins elles doivent disparaître.

Cette seule observation suffit pour rectifier toutes les irrégularités de ce genre qui se sont glissées dans cet ouvrage.

INTRODUCTION.

La distribution de cet ouvrage est faite sur un plan tout à fait nouveau. Les opérations détaillées sont faites au bas de chaque figure, et l'explication en est donnée en regard. De sorte que tout le texte des figures renfermées dans la page à gauche se trouve entièrement dans la page à droite.

Voilà pour la forme.

Quant aux principes, nous nous sommes attaché à n'employer que des procédés pratiques, notre seul but étant d'aider MM. les Instituteurs à former, en peu de temps, des élèves capables d'opérer toutes espèces de mesurages, et de diviser telle pièce de terre en un nombre quelconque de parties égales ou inégales ; mais pour cela les leçons doivent être appliquées de temps en temps sur le terrain.

Nos opérations géodésiques sont poussées à une exactitude très-rigoureuse : nous donnons aux dimensions de chaque partie jusqu'à un centimètre près ; mais quelques centimètres signifiant peu de chose sur le terrain, on peut, dans la pratique, être moins exigeant, et par là rendre la méthode plus simple encore.

NOUVELLE MÉTHODE

DE PRENDRE DES DIMENSIONS SUR LES PLANS CADASTRAUX, SANS SE SERVIR DE L'ÉCHELLE DE PROPORTION.

Nous donnons, pages 17 et 19, la manière de se servir de l'échelle de proportion ; mais comme aujourd'hui l'échelle cadastrale devient une nécessité pour beaucoup de personnes qui, pour le plus grand nombre, reculent devant la dépense de cet instrument, nous avons jugé convenable d'indiquer ici un procédé fort simple au moyen duquel chacun pourra, avec un mètre, un double-décimètre ou seulement un décimètre divisé en millimètres, se passer de toutes espèces d'échelles.

L'échelle de 1 à 1250 est celle qui a été le plus généralement adoptée pour les plans cadastraux ; nous la prenons pour modèle, et nous disons :

Pour construire cette échelle on a divisé un mètre en 1250 parties égales, dont chacune représente un mètre sur le papier. Or, le mètre se divisant en 1000 millimètres, un millimètre sur le plan représente un mètre sur le terrain. Si nous divisons 1250 par 1000, nous aurons 1,250 ou 1,25 pour le rapport du millimètre à l'une des divisions de l'échelle de 1 à 1250.

Donc, pour convertir des millimètres à l'échelle de 1 à 1250, il suffit de les multiplier par 1,25. 7 millimètres 8 dixièmes, par exemple, multipliés par 1,25, donnent 9 mètres 75 cent.

Pour obtenir en millimètres la longueur d'une ligne sur un plan quelconque, il suffit d'appliquer sur cette ligne une mesure divisée en millimètres. Ensuite on fait la conversion indiquée, si le plan est fait d'après l'échelle de 1 à 1250; s'il est fait sur une échelle plus grande ou plus petite, il faut établir un rapport conformément à la grandeur de l'échelle, et d'après le procédé que nous donnons ci-dessus.

Nous allons donner l'idée d'une table de conversion que chacun pourra établir soi-même.

TABLE DE COMPARAISON.

1	mill.	»	vaut	1,25	4	mill.	6	val.	5,750	8	mill.	2	val.	10,250
1	»	1	»	1,375	4	»	7	»	5,875	8		3		10,375
1	»	2	»	1,500	4	»	8	»	6,000	8		4		10,500
1	»	3	»	1,625	4	»	9	»	6,125	8		5		10,625
1	»	4	»	1,750	5	»	»	»	6,250	8		6		10,750
1	»	5	»	1,875	5	»	1	»	6,375	8		7		10,875
1	»	6	»	2,000	5	»	2	»	6,500	8		8		11,000
1	»	7	»	2,125	5	»	3	»	6,625	8		9		11,125
1	»	8	»	2,250	5	»	4	»	6,750	9		»		11,250
1	»	9	»	2,375	5	»	5	»	6,875	9		1		11,375
2	»	»	»	2,500	5	»	6	»	7,000	9		2		11,500
2	»	1	»	2,625	5	»	7	»	7,125	9		3		11,625
2	»	2	»	2,750	5	»	8	»	8,250	9		4		11,750
2	»	3	»	2,875	5	»	9	»	7,375	9		5		11,875
2	»	4	»	3,000	6	»	»	»	7,500	9		6		12,000
2	»	5	»	3,125	6	»	1	»	7,625	9		7		12,125
2	»	6	»	3,250	6	»	2	»	7,750	9		8		12,250
2	»	7	»	3,375	6	»	3	»	7,875	9		9		12,375
2	»	8	»	3,500	6	»	4	»	8,000	10		»		12,500
2	»	9	»	3,625	6	»	5	»	8,125	20		»		25,000
3	»	»	»	3,750	6	»	6	»	8,250	30		»		37,500
3	»	1	»	3,875	6	»	7	»	8,375	40		»		50,000
3	»	2	»	4,000	6	»	8	»	8,500	50		»		62,500
3	»	3	»	4,125	6	»	9	»	8,625	60		»		75,000
3	»	4	»	4,250	7	»	»	»	8,750	70		»		87,500
3	»	5	»	4,375	7	»	1	»	8,875	80		»		100,000
3	»	6	»	4,500	7	»	2	»	9,000	90		»		112,500
3	»	7	»	4,625	7	»	3	»	9,125	100		»		125,000
3	»	8	»	4,750	7	»	4	»	9,250	200		»		250,000
3	»	9	»	4,875	7	»	5	»	9,375	300		»		375,000
4	»	»	»	5,000	7	»	6	»	9,500	400		»		500,000
4	»	1	»	5,125	7	»	7	»	9,625	500		»		625,000
4	»	2	»	5,250	7	»	8	»	9,750	600		»		750,000
4	»	3	»	5,375	7	»	9	»	9,875	700		»		875,000
4	»	4	»	5,500	8	»	»	»	10,000	800		»		1000,000
4	»	5	»	5,625	8	»	1	»	10,125	1000		»		1250,000

EXPLICATION DES SIGNES.

$=$	signifie	égale.
$+$	»	plus. $4+3=7$.
$-$	»	moins. $7-4=3$.
$\times$	»	multiplié par. $4\times 3=12$.
:	»	divisé par. $12:3=4$.
		Une barre placée entre deux nombres signifie aussi divisé par; ainsi $\frac{12}{3}$ se lit 12 divisé par 3.
m.	»	mètre.
m. q.	»	mètre carré.
m. c.	»	mètre cube.
a.	»	are.
st.	»	stère.
l.	»	litre.
gr.	»	gramme.
fr.	»	franc.
k. m.	»	kilomètre.
k. l.	»	kilolitre.
k. gr.	»	kilogramme.
h. m.	»	hectomètre.
h. a.	»	hectare.
h. l.	»	hectolitre.
d. l.	»	décalitre.
d. st.	»	décastère.
$\frac{0}{0}$	»	pour cent.
x	»	terme inconnu.
:	»	est à.
: :	»	comme.
$\sqrt{\ }$	»	racine carrée à extraire.
$\sqrt[3]{\ }$	»	racine cubique à extraire.

La parenthèse ( ) indique des opérations à faire sur les nombres qu'elle renferme.

Ainsi $15+(8\times 3\times 4)=111$, signifie qu'il faut ajouter à 15 le produit de $8\times 3\times 4$, c'est-à-dire 96 à $15=111$.

NOUVEAU TRAITÉ

D'ARPENTAGE

ET DE GÉODÉSIE PRATIQUE.

ARPENTAGE.

DÉFINITIONS PRÉLIMINAIRES.

1. *Qu'est-ce que mesurer une grandeur?*

Mesurer une grandeur, c'est la comparer à l'unité de son espèce, pour trouver combien de fois elle contient l'unité ou de parties de cette unité.

2. *Combien l'étendue a-t-elle de dimensions?*

L'étendue a trois dimensions : longueur, largeur et hauteur, ou profondeur ou épaisseur.

3. *Qu'est-ce qu'une ligne?*

Une ligne est une longueur sans largeur ni aucune autre dimension.

4. *Qu'appelle-t-on surface?*

On appelle surface une étendue qui a deux dimensions : longueur et largeur.

5. *Combien distingue-t-on d'espèces de lignes?*

On distingue deux espèces de lignes : la ligne droite et la ligne courbe.

6. *Qu'est-ce que la ligne droite?*

La ligne droite (*fig.* 1re) est le plus court chemin d'un point à un autre.

7. *Quelles dénominations prend la ligne droite selon les différentes positions qu'elle occupe?*

La ligne droite prend, selon les différentes positions qu'elle occupe, les dénominations de : ligne horizontale, ligne verticale, ligne oblique et ligne perpendiculaire.

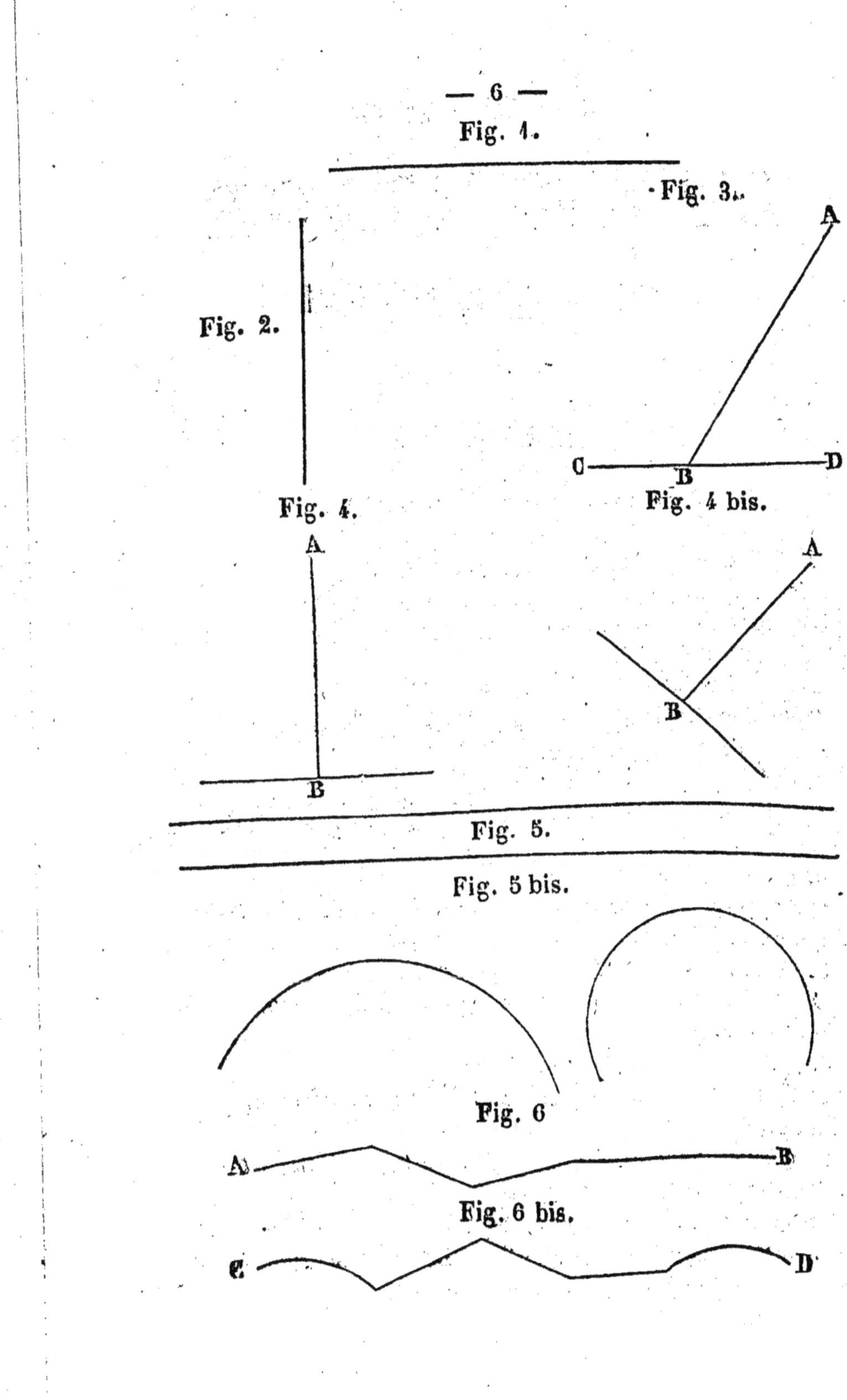
Fig. 1.
Fig. 3.
A
Fig. 2.
C
B
D
Fig. 4.
Fig. 4 bis.
A
A
B
B
Fig. 5.
Fig. 5 bis.
Fig. 6
A
B
Fig. 6 bis.
C
D

8. *Qu'appelle-t-on ligne horizontale ?*

On appelle ligne horizontale (*fig.* 1re), une ligne droite qui suit le niveau de l'eau tranquille.

9. *Qu'appelle-t-on ligne verticale?*

On appelle ligne verticale (*fig.* 2), une ligne qui suit la direction d'un fil à plomb librement suspendu.

10. *Qu'appelle-t-on ligne oblique ?*

On appelle ligne oblique (*fig.* 3), une ligne droite qui penche plus vers un côté d'une ligne donnée que vers l'autre, et forme avec celle-ci deux angles inégaux. AB est une ligne oblique relativement à CD.

11. *Qu'appelle-t-on ligne perpendiculaire ?*

On appelle ligne perpendiculaire, ou simplement perpendiculaire (AB, *fig.* 4), une ligne droite qui en tombant sur une autre ligne droite, forme avec celle-ci deux angles égaux.

Remarque. Il ne faut pas confondre les notions de verticale et de perpendiculaire.

La verticale est toujours perpendiculaire à l'horizontale, tandis qu'une perpendiculaire à une droite peut être oblique à l'horizontale. Telle est la perpendiculaire AB (*fig.* 4 *bis*).

12. *Qu'appelle-t-on lignes parallèles ?*

On appelle lignes parallèles (*fig.* 5), ou simplement parallèles, deux lignes droites qui sont également éloignées l'une de l'autre et qui ne peuvent jamais se rencontrer, à quelque distance qu'on les imagine prolongées.

13. *Qu'appelle-t-on ligne courbe ?*

On appelle ligne courbe (*fig.* 5 *bis*), celle qui n'est ni droite ni composée de droites, et dont les points qui la composent ne sont pas dans la même direction.

Nota. On appelle ligne *brisée* (AB *fig.* 6), celle qui est composée de plusieurs lignes droites.

On appelle ligne *mixte* (CD *fig.* 6 *bis*), celle qui est composée d'un ligne droite ou d'une ligne brisée, et d'une ou de plusieurs lignes courbes.

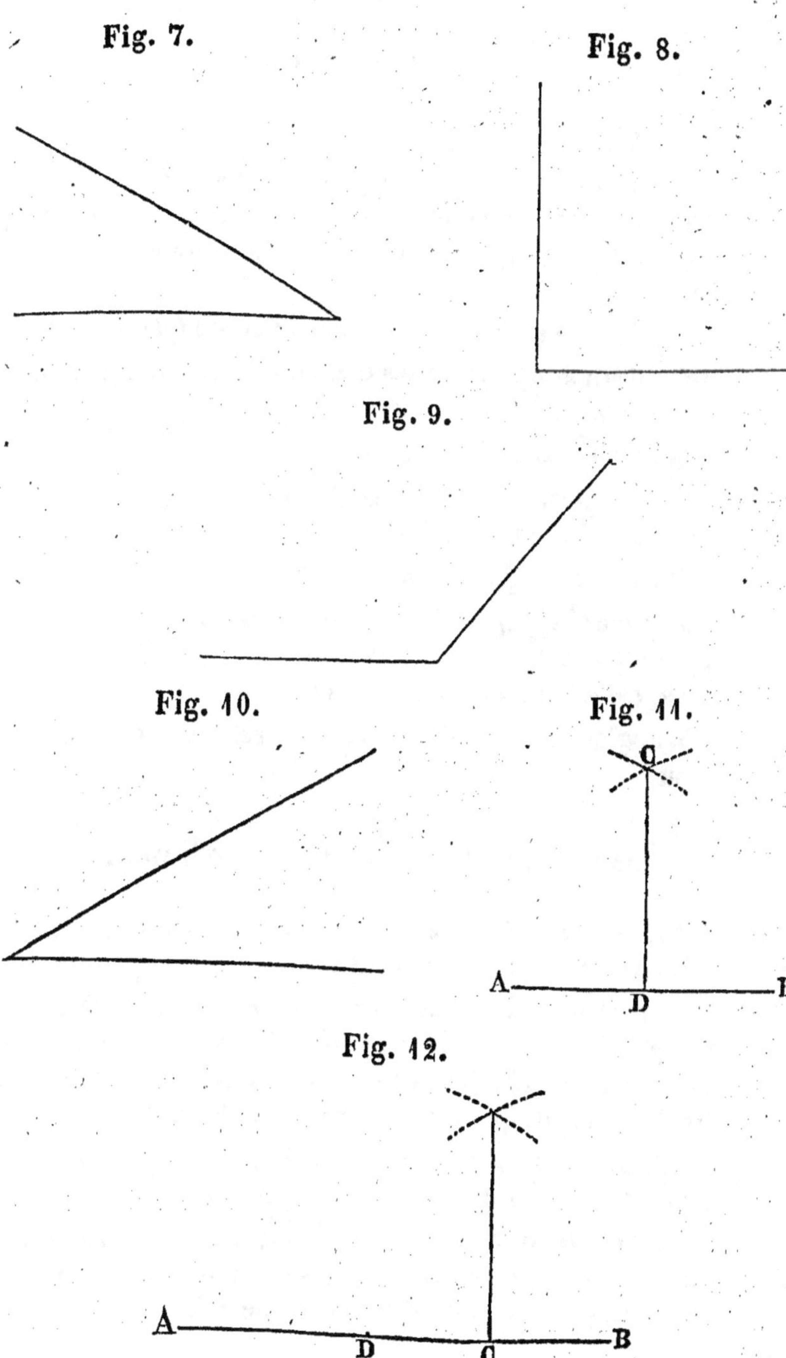

Fig. 7. Fig. 8. Fig. 9. Fig. 10. Fig. 11. Fig. 12.

DES ANGLES.

14. *Qu'est-ce qu'un angle?*

Un angle (*fig.* 7) est l'espace compris entre deux lignes droites qui se rencontrent et se coupent en un point qu'on appelle point d'intersection, et ce point s'appelle le sommet de l'angle.

15. *Combien distingue-t-on de sortes d'angles?*

On distingue trois sortes d'angles, à savoir : l'angle droit, l'angle obtus et l'angle aigu.

16. *Qu'est-ce que l'angle droit?*

L'angle droit (*fig.* 8) est celui qui est formé d'une perpendiculaire droite tombant sur une autre droite.

17. *Qu'est-ce que l'angle obtus?*

L'angle obtus (*fig.* 9) est celui qui est plus grand que l'angle droit.

18. *Qu'est-ce que l'angle aigu?*

L'angle aigu (*fig.* 10) est celui qui est plus petit que l'angle droit.

MANIÈRE DE TRACER LES PERPENDICULAIRES.

19. *Que faut-il faire pour élever une perpendiculaire sur le milieu d'une ligne donnée AB (fig. 11)?*

Je partage la ligne donnée en deux parties égales, et de ses extrémités AB et d'une ouverture de compas plus grande que la moitié de AB, je décris deux arcs qui se coupent en C; je tire la ligne DC qui est la perpendiculaire demandée.

20. *Que faut-il faire pour élever une perpendiculaire d'un point donné C, sur la ligne AB (fig. 12)?*

Je prends avec une même ouverture de compas deux distances égales CB et CD, et j'opère comme dans le premier cas ci-dessus, car alors C se trouve au milieu de DB.

Fig. 13.

E C A D B

Fig. 14.

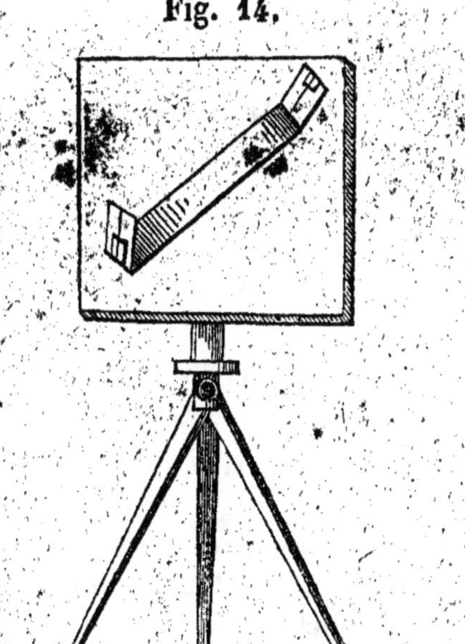

21. *Que faut-il faire pour élever une perpendiculaire à l'extrémité B de la ligne AB (fig. 13)?*

Je fais, d'une grandeur quelconque, une ouverture de compas; du point A je décris un arc en C, je reporte le compas au point D, et je décris un second arc en C qui coupe le premier; de ce point C, toujours avec la même ouverture de compas, je décris un troisième arc en E; j'aligne les deux points D C; je prolonge la ligne indéfiniment, et l'endroit où l'arc E se trouve coupé est le point vers lequel je dirige une ligne partant de A, et AE est la perpendiculaire demandée.

INSTRUMENTS EMPLOYÉS DANS L'ARPENTAGE.

22. *Quels sont les instruments employés dans l'arpentage?*

Les instruments dont on se sert dans l'arpentage sont la planchette, l'équerre, les niveaux, le graphomètre, la boussole, les fiches, les jalons, la chaîne, l'échelle de proportion, le compas et le rapporteur.

DE LA PLANCHETTE.

23. *Qu'est-ce que la planchette?*

La planchette (*fig.* 14) est une petite table carrée posée sur un trépied, et sur laquelle est placée une alidade ou règle mobile garnie de deux pinnules pour observer les objets.

On se sert de la planchette pour lever les plans.

(Voir l'application (*fig.* 70).

Remarque. La planchette, l'équerre, les niveaux, les flèches et les jalons doivent être dressés ou plantés en terre bien verticalement; autrement on commettrait, dans les opérations, des erreurs d'autant plus considérables que ces instruments seraient plus inclinés.

Fig. 15.

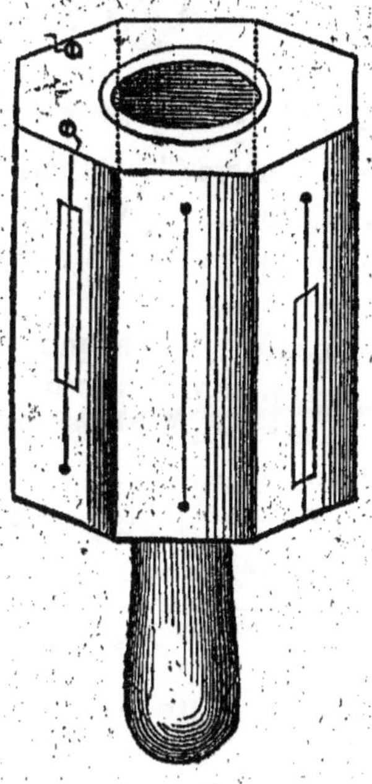

Fig. 16.

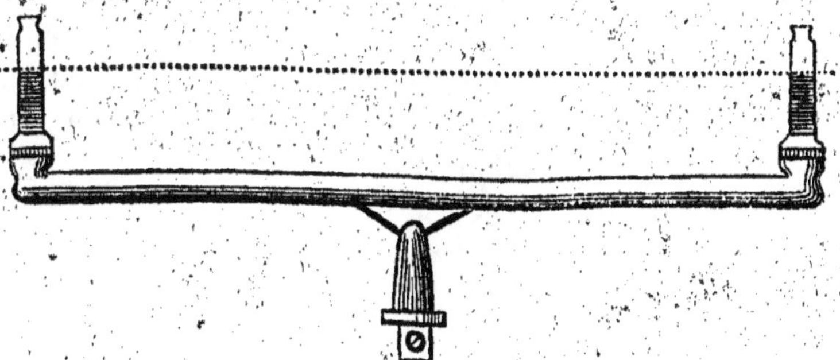

DE L'ÉQUERRE.

24. *Qu'appelle-t-on équerre d'arpenteur ?*

On appelle équerre d'arpenteur (*fig.* 15), ou simplement octogone, un instrument ayant la forme d'un prisme droit octogonal ayant huit centimètres de hauteur et six centimètres de diamètre.

Elle est de cuivre, et chaque pan est ouvert par une fente verticale que l'on nomme pinnule.

Les pinnules servent à observer les objets par le prolongement du rayon visuel.

Les fentes forment les unes des angles droits, les autres des angles de 45 degrés.

(Voir *fig.* 54 la manière de s'en servir).

DU NIVEAU D'EAU.

25. *Qu'appelle-t-on niveau d'eau ?*

On appelle niveau d'eau (*fig.* 16) un tuyau de fer-blanc recourbé aux extrémités, à chacune desquelles on place un petit tube de verre. On l'adapte à un trépied semblable à celui de la planchette (*fig.* 14).

(Voir l'application *fig.* 71).

Quand on veut se servir de cet instrument on le remplit d'eau jusqu'à ce qu'elle s'élève également dans les deux tubes de verre. Quand l'eau est tranquille, on est certain que la ligne partant d'un tube à l'autre est une ligne horizontale.

Il existe une autre espèce de niveau d'un emploi très-facile et dont on fait un grand usage ; c'est le niveau, dit niveau de maçon ; mais comme il est généralement connu, nous nous bornons à le mentionner ici.

Fig. 19.

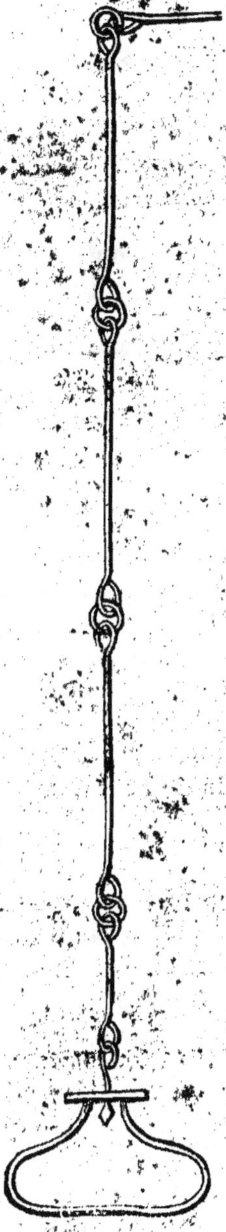

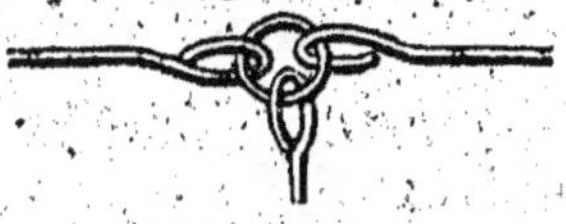

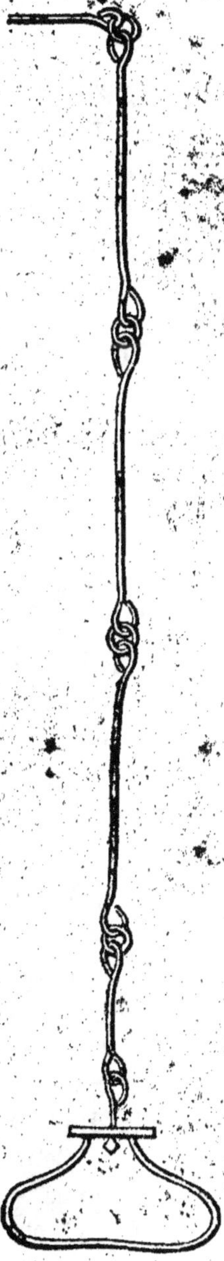

Fig. 17.

Fig. 18.

DES FICHES.

26. *Comment les fiches sont-elles construites?*

Les fiches sont ordinairement faites avec du gros fil de fer d'environ quarante-cinq centimètres de longueur (*fig.* 17); elles sont pointues à l'extrémité qui doit s'enfoncer dans la terre, et ont une boucle à l'autre extrémité, ayant trois centimètres de diamètre, pour pouvoir y passer le pouce.

A défaut de fiches en fer, on se sert simplement de fiches en bois.

On en prend dix pour mesurer avec la chaîne.

DES JALONS.

27. *Qu'est-ce que les jalons?*

Les jalons (*fig.* 18) sont des baguettes de bois longues d'environ un mètre cinquante centimètres; ils sont pointus dans le bout qui doit s'enfoncer dans la terre, et fendus à l'autre bout pour recevoir un morceau de papier qui facilite la direction des rayons visuels.

DE LA CHAINE D'ARPENTEUR.

28. *Qu'appelle-t-on chaîne d'arpenteur?*

La chaîne d'arpenteur ou décamètre (*fig.* 19) est formée de tiges de fer réunies par des anneaux; chaque tige, y compris un anneau, a deux décimètres de longueur.

Un mètre renferme cinq de ces tiges; chaque mètre est marqué par un anneau de cuivre, et le milieu de la chaîne est indiqué par une petite fiche.

Cette chaîne est terminée à chaque extrémité par une poignée assez grande pour y passer quatre doigts.

L'emploi de la chaîne est facile; mais il faut avoir soin de la tenir toujours horizontalement et bien tendue, surtout dans les terrains en pente.

Fig. 20.

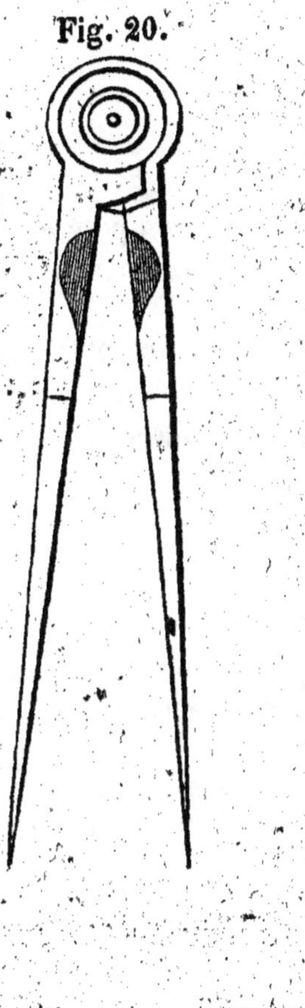

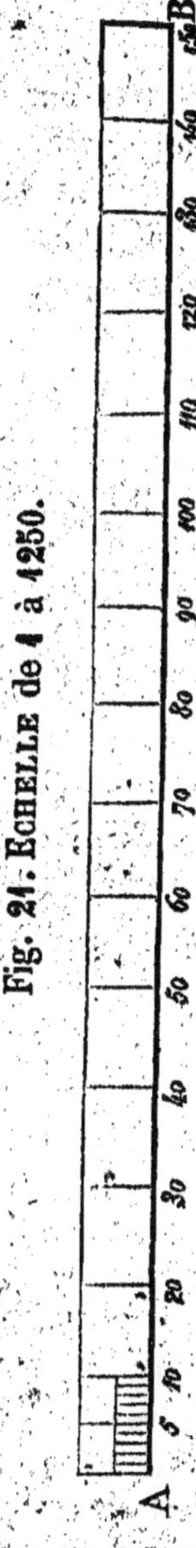

Fig. 21. Echelle de 1 à 1250.

DU COMPAS.

29. *Qu'est-ce qu'un compas?*

On appelle compas (*fig.* 20) un instrument composé de deux branches de cuivre réunies au moyen d'une charnière. Les pointes sont en acier et de forme triangulaire.

Un compas, pour être bon, doit avoir ses pointes égales, bien fines, et sa charnière assez ferme pour que les pointes ne puissent s'écarter pendant le tracé des circonférences.

DE L'ÉCHELLE DE PROPORTION.

30. *Qu'est-ce que l'échelle de proportion?*

L'échelle de proportion est une ligne droite divisée en un nombre quelconque de parties égales dont chacune représente sur le papier telle longueur qui a été mesurée sur le terrain.

D'où il résulte que la figure qui représente l'objet est en même proportion avec cette échelle que l'objet lui-même l'est avec sa mesure réelle.

31. *Quelles dimensions doit-on donner à une échelle de proportion?*

On peut établir des échelles en nombre infini et d'après quelles dimensions l'on veut, puisque de la grandeur d'une échelle dépend la grandeur du plan que l'on veut représenter.

Dans le cadastre on emploie l'échelle de un mètre pour 1250 mètres (*fig.* 21) et celle de un mètre pour 2500 mètres (*fig.* 22).

On construit des échelles de proportion en cuivre, en corne et en ivoire.

Les échelles en corne ou en ivoire du genre de la fig. 21 sont d'un emploi très-facile : on n'a pas besoin de compas ; il suffit de placer l'échelle sur le plan, et les divisions indiquent la longueur de la ligne à mesurer.

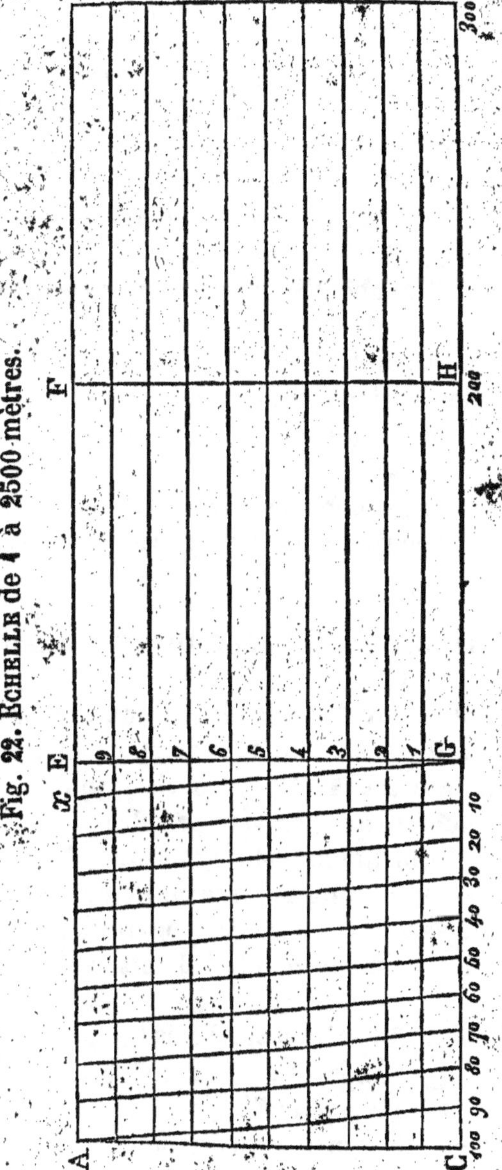

Fig. 22. ÉCHELLE de 1 à 2500 mètres.

Remarque. Pour construire l'échelle (*fig.* 22) je divise un mètre par 2500 mètres; je multiplie le quotient 0 mètre 0004 par 10, et j'obtiens 4 millimètres qui représentent alors 10 mètres.

Sur une ligne indéfinie AB je porte 10 fois une même ouverture de compas de 4 millimètres. Ensuite je prends la distance collective de ces dix ouvertures que je porte trois fois sur cette ligne AB. Des points A E F B j'abaisse des perpendiculaires égales et je joins leurs extrémités C G H D par une droite CD.

Des points de division compris entre AE je mène dix parallèles obliques qui aboutissent aux points de division compris entre CG.

Enfin des dix points de division compris entre AC je mène aux points de division compris entre BD, dix parallèles horizontales qui ont la même distance que les lignes parallèles obliques.

Par cette construction les lignes GE et Gx sont coupées respectivement en parties égales, et chaque partie représente un mètre.

USAGE DE L'ÉCHELLE DE PROPORTION.

Pour prendre sur l'échelle (*fig.* 21) un nombre quelconque de mètres au-dessous de dix, il suffit de placer la pointe du compas sur le point A et de l'ouvrir jusqu'à la division qui exprime le nombre que l'on veut prendre.

Pour prendre un nombre plus grand que 10,138 par exemple, je place la pointe du compas jusqu'au nombre 140 ; de ce point je me dirige vers l'extrémité A, j'ouvre le compas jusqu'à la division qui exprime le nombre 8 vers la gauche, et j'ai 138 mètres.

Pour prendre 182 mètres sur l'échelle (*fig.* 22) je pose une des pointes du compas sur la ligne verticale FH et sur la troisième ligne horizontale ; je pose l'autre pointe du compas sur la ligne oblique qui marque le nombre 80 et toujours sur la troisième ligne horizontale, et j'ai 182 mètres. Les parties de mètres s'obtiennent par approximation.

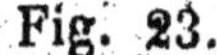

Fig. 23.

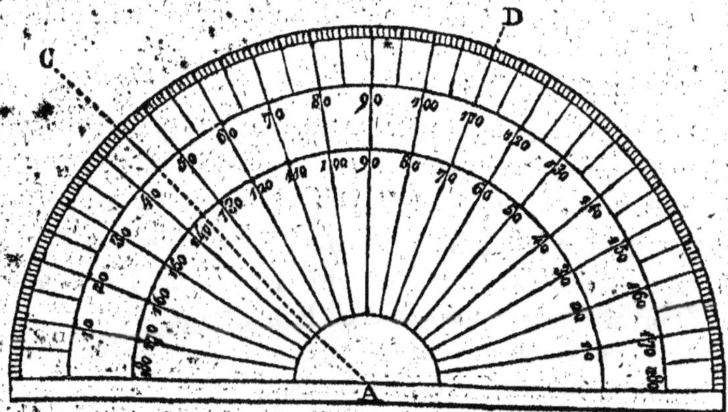

Fig. 24.

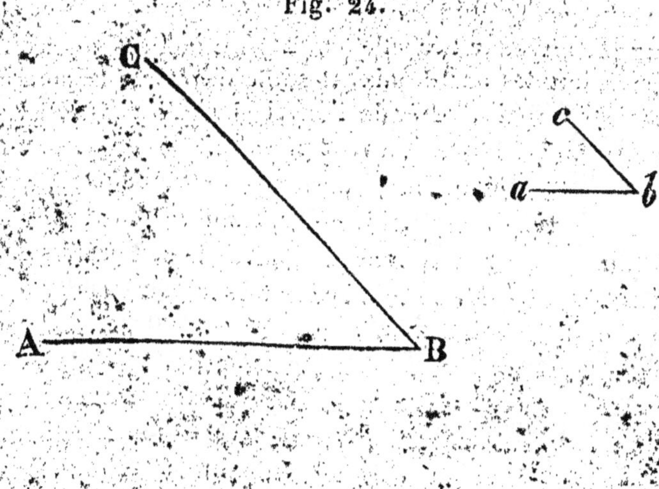

DU RAPPORTEUR.

32. *Qu'est-ce que le rapporteur ?*

Le rapporteur (*fig.* 23) est un demi-cercle divisé en 180 parties qu'on nomme degrés.

D'après le système métrique, le cercle se divise en 400 parties que l'on nomme grades ; néanmoins il est assez rare de trouver des rapporteurs divisés en grades, l'ancienne division étant généralement préférée à la nouvelle.

On construit des rapporteurs en corne claire ou en cuivre.

Généralement on préfère les rapporteurs en corne parce qu'ils ne salissent pas le papier, et qu'ils laissent apercevoir les lignes tracées sur le papier.

USAGE DU RAPPORTEUR.

33. *Quel usage fait-on du rapporteur ?*

On se sert du rapporteur pour mesurer la valeur des angles. Il est d'une grande utilité pour la levée des plans et la mesure des hauteurs.

34. *Comment fait-on, avec le rapporteur, un angle d'un nombre de degrés donné ?*

Pour faire, avec le rapporteur, un angle d'un nombre de degrés donné, il faut d'abord tirer une ligne droite, placer le diamètre de l'instrument sur cette droite, y marquer le centre qui sera le sommet de l'angle, marquer ensuite le point de l'arc qui indique le degré demandé, et de ce point tracer une ligne jusqu'au centre. Cette ligne formera, avec la première, l'angle demandé.

Soit proposé de faire un angle de 45 degrés (*fig.* 24).

Je tire une ligne AB sur laquelle je place le rapporteur de manière que le centre A tombe au point B. Je fais un point C au nombre 45 ; par ce point et le centre A, je mène la droite AC, et l'angle ABC est l'angle demandé.

Fig. 25.

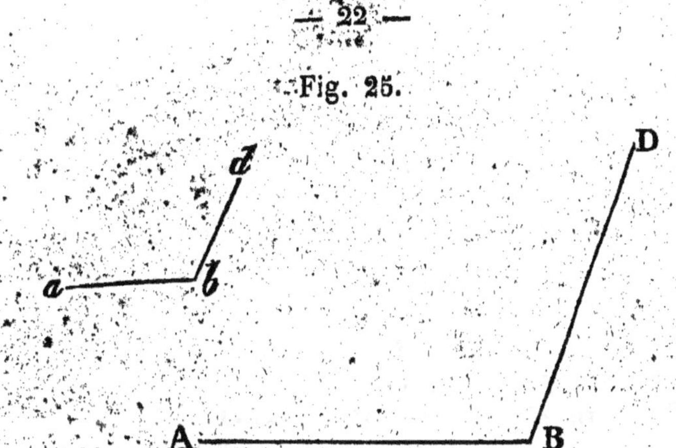

Fig. 26.

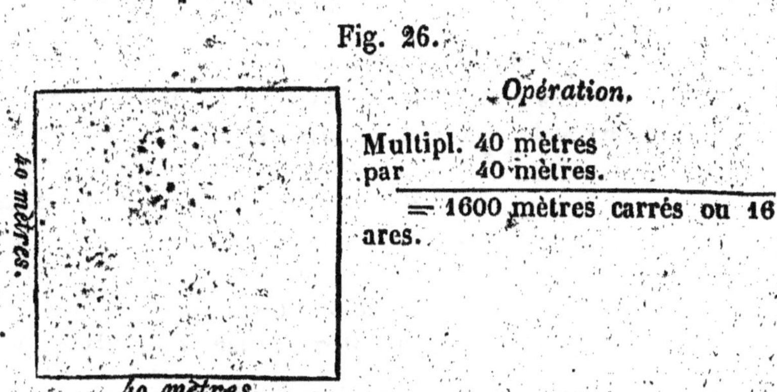

Opération.

Multipl. 40 mètres
par 40 mètres.

= 1600 mètres carrés ou 16 ares.

Nous rappelons ici que l'*are* est l'unité des mesures agraires et vaut 100 mètres carrés.

Que pour convertir des mètres carrés en ares il suffit de diviser le nombre des mètres carrés par 100, c'est-à-dire de porter la virgule de deux rangs vers la gauche, et que le mètre carré prend alors la dénomination de *centiare*.

Soit encore proposé d'ouvrir un angle de 110 degrés (*fig.* 25).

Je tire une ligne AB, je place le centre du rapporteur au point B, je fais un point D au nombre 110, et, tirant la ligne BD, j'ai l'angle demandé.

Remarque importante. La longueur des lignes formant un angle quelconque n'influe en rien sur la grandeur de ce même angle.

Ainsi l'angle ABC (*fig.* 24) n'est pas plus grand que l'angle *abc* : l'un et l'autre contiennent 45 degrés.

Il en est de même pour l'angle ABD (*fig.* 25) et l'angle *abd* qui sont l'un et l'autre de 110 degrés.

L'angle droit vaut 90 degrés.

DÉFINITION ET SURFACE DES QUADRILATÈRES.

35. *Qu'appelle-t-on quadrilatère?*

On appelle quadrilatère une surface plane renfermée entre quatre lignes droites.

DU CARRÉ.

36. *Qu'est-ce qu'un carré?*

Un carré (*fig.* 26) est un quadrilatère qui a ses quatres côtés égaux et ses quatre angles droits.

37. *Comment obtient-on la surface du carré?*

On obtient la surface du carré en multipliant la longueur de l'un de ses côtés par elle-même.

Ainsi pour avoir la surface du carré (*fig.* 26), je prends les mesures sur l'échelle de proportion, et je multiplie 40 mètres, longueur d'un côté, par 40 mètres; le produit 1600 mètres carrés ou 16 ares = la surface du carré proposé.

On démontrerait facilement que ce carré contient 1600 m. q. ; pour cela il suffirait de diviser l'un des côtés pris pour base en 40 parties égales, et de mener d'abord 39 parallèles sur le côté qui lui est diamétralement opposé; de diviser ensuite l'un des deux autres côtés aussi en 40 parties égales ; de mener également 39 parallèles sur le côté qui lui est directement opposé, et l'on aurait 1600 petits carrés égaux ayant chacun un mètre de côté. Donc, etc.

Fig. 27.

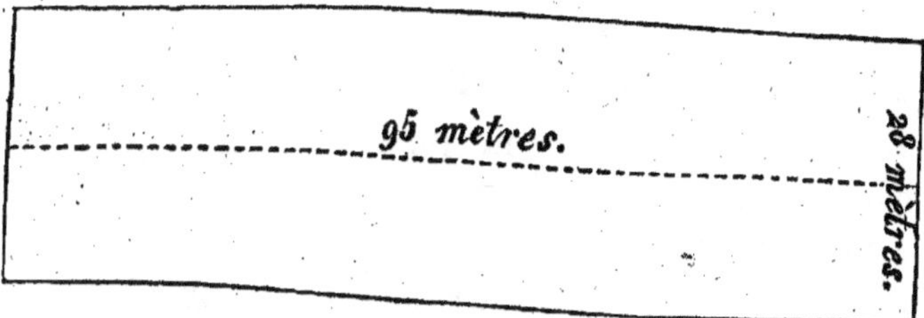

Opération.

Multipl. 95 mèt. longueur.
par 28 mèt. largeur

760
190

= 2660 mèt. q. ou 26 ares 60 centiares.

Fig. 28.

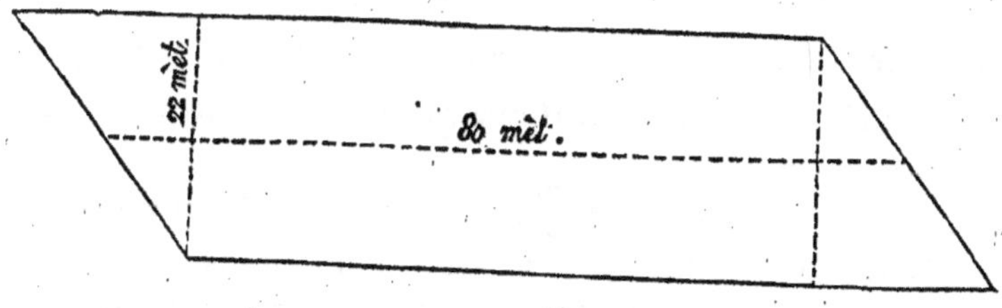

Opération.

Multipl. 80 mèt. longueur.
par 22 mèt. largeur.

= 1760 mèt. q. ou 17 ares 60 centiares.

DU RECTANGLE.

38. *Qu'est-ce qu'un rectangle?*

Un rectangle (*fig.* 27), qu'on appelle aussi carré long, est un quadrilatère dont les angles sont droits, mais dont les côtés opposés seulement sont égaux.

39. *Comment obtient-on la surface du rectangle?*

On obtient la surface du rectangle en multipliant sa longueur par sa largeur ou hauteur.

Soit le rectangle (*fig.* 27) dont on demande la surface.

Je mesure sur l'échelle de proportion (ou bien avec la chaîne si c'est sur le terrain), je trouve 95 mètres de longueur que je multiplie par 28 mètres de largeur ; le produit 2660 mètres carrés ou 26 ares 60 centiares = la surface demandée.

DU PARALLÉLOGRAMME.

40. *Qu'est-ce qu'un parallélogramme?*

Un parallélogramme est un quadrilatère qui a ses côtés parallèles et égaux deux à deux, mais dont les angles ne sont pas droits (*fig.* 28).

41. *Comment trouve-t-on la surface du parallélogramme?*

On trouve la surface du parallélogramme en multipliant sa longueur par sa hauteur.

Soit le parallélogramme (*fig.* 28), ayant 80 mètres de longueur et 22 mètres de hauteur, dont on demande la surface.

Je multiplie 80 mètres par 22 mètres, et j'ai pour la surface demandée 17 ares 60 centiares.

Comme on le voit, le parallélogramme ne diffère du rectangle qu'en ce que ses angles ne sont pas droits. Il peut donc être ramené à un rectangle de même surface.

D'où il résulte qu'on obtient la surface de l'un et de l'autre de la même manière.

Fig. 29.

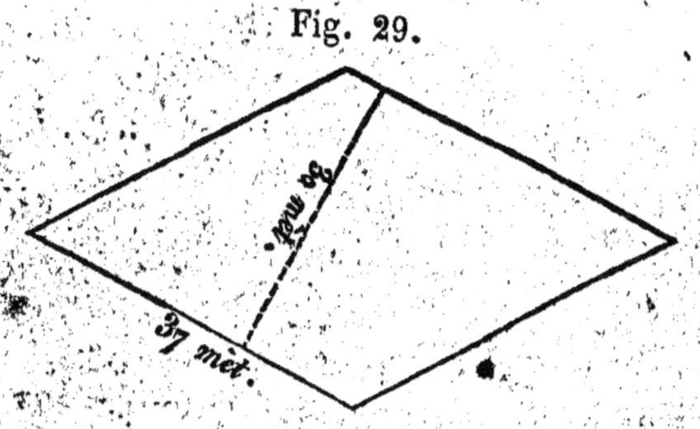

Opération.

Multipl. 37 mèt. de base
par 30 mèt. de hauteur.

= 1110 mèt. q. ou 11 ares 10 centiares.

Fig. 30.

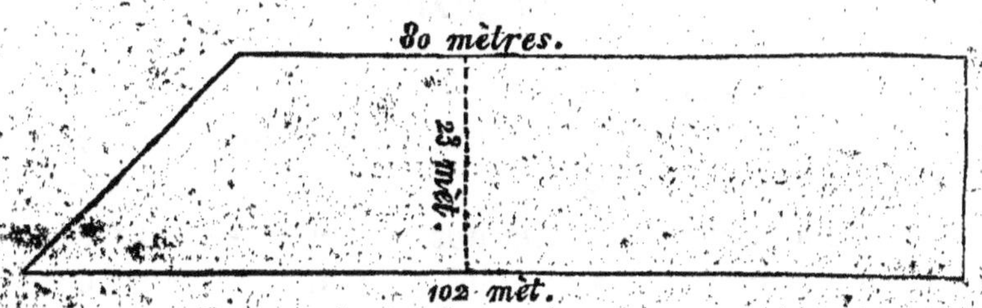

Opération.

Additionnez 102 mèt. grande longueur
avec 80 mèt. petite longueur.

182

$\frac{1}{2}$ = 91 mèt. longueur moyenne.

Multipliez 91 mèt. longueur moyenne
par 23 mèt. largeur.

273
182

= 20 ares 93 centiares.

DU LOSANGE.

42. *Qu'est-ce qu'un losange ?*

Le losange (*fig.* 29) est un quadrilatère dont les côtés sont égaux et dont les angles ne sont pas droits.

43. *Comment obtient-on la surface du losange ?*

Pour avoir la surface du losange il faut multiplier la longueur de l'un de ses côtés par la ligne qui, partant de ce même côté pris pour base, s'élève perpendiculairement vers le côté opposé.

Soit à trouver la surface du losange (*fig.* 29).

Je donne les mesures d'après l'échelle (*fig.* 21), je multiplie 37 mètres, longueur de l'un des côtés, par la hauteur 30 mètres, et le produit 1110 mètres carrés ou 11 ares 10 centiares est la surface du losange proposé.

DU TRAPÈZE.

44. *Qu'est-ce que le trapèze ?*

Le trapèze (*fig.* 30) est un quadrilatère dont deux côtés seulement sont parallèles.

45. *Que faut-il faire pour avoir la surface du trapèze ?*

Pour avoir la surface du trapèze il faut additionner ensemble les deux longueurs et multiplier la moitié de leur somme par la largeur ou hauteur.

Soit à trouver la surface du trapèze (*fig.* 30).

Je donne les mesures d'après l'échelle de proportion, ou si c'est sur le terrain je mesure avec la chaîne ; j'additionne ensuite 102 mètres avec 80 mètres ; leur somme est 182 dont la moitié est de 91 mètres que je multiplie par la hauteur 23 mètres, et le produit 2093 mètres carrés ou 20 ares 93 centiares est la surface de ce trapèze.

Nous démontrerons plus loin que la moitié de la somme des deux longueurs d'un trapèze régulier est réellement la longueur moyenne, c'est-à-dire la longueur qu'on obtiendrait en mesurant le trapèze au milieu juste de sa largeur ou hauteur.

Fig. 31.

Fig. 32.

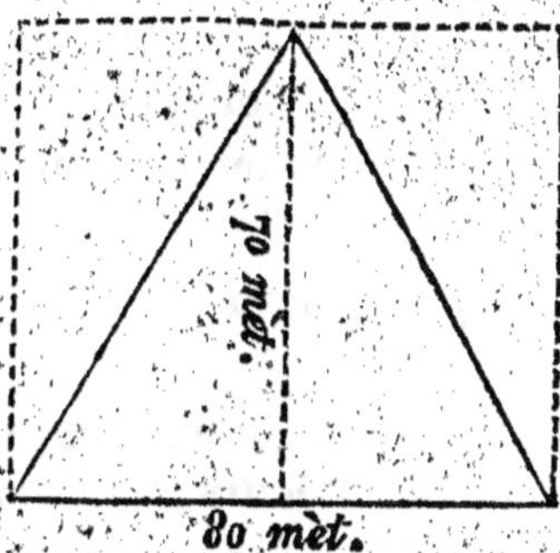

Opération (Fig. 32).

Multipl. 80 mèt. de base
par 35 mèt. ½ de la hauteur.
= 2800 mèt. carrés ou 28 ares.

Fig. 33.

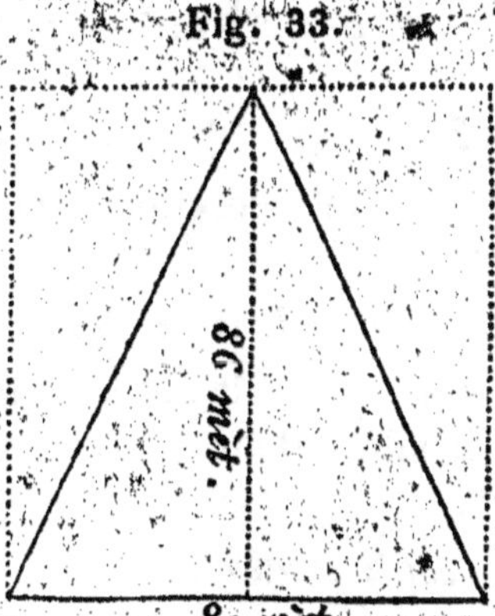

Opération (Fig. 33).

Multipl. 80 mèt. de base
par 43 mèt. ½ de la hauteur.
= 3440 mèt. carrés ou 34 ares 40 centiares.

DU TRAPÉZOIDE.

46. *Qu'appelle-t-on trapézoïde ?*

On appelle trapézoïde ou trapèze irrégulier un quadrilatère dont les côtés et les angles sont inégaux (*fig.* 31).

46 *bis. Comment trouve-t-on la surface du trapézoïde?*

Nous avons vu, nº 44, qu'on obtient la surface du trapèze régulier en multipliant la moitié de la somme des deux longueurs par la hauteur. Il n'en est pas de même du trapézoïde ou trapèze irrégulier dont les lignes ne sont pas parallèles; car pour pouvoir additionner ensemble deux longueurs ou deux largeurs, il faut que les lignes soient parfaitement parallèles. (Voir la manière d'en trouver la surface *fig.* 55).

47. *Sur quoi sont fondées les opérations de ces quatre dernières figures?*

Les opérations de ces quatre dernières figures sont fondées sur ce que ces quadrilatères peuvent toujours être ramenés à un carré ou à un rectangle égal en surface.

DÉFINITION ET SURFACE DES TRIANGLES.

48. *Qu'est-ce qu'un triangle ?*

Un triangle est une surface renfermée entre trois lignes droites.

49. *Combien distingue-t-on d'espèces de triangles ?*

Il y a quatre espèces de triangles, à savoir : le triangle équilatéral, le triangle isocèle, le triangle scalène et le triangle rectangle.

50. *Qu'est-ce que le triangle équilatéral ?*

Le triangle équilatéral est celui dont tous les côtés sont égaux (*fig.* 32).

51. *Qu'est-ce que le triangle isocèle ?*

C'est un triangle dont deux côtés sont égaux (*fig.* 33).

Fig. 34.

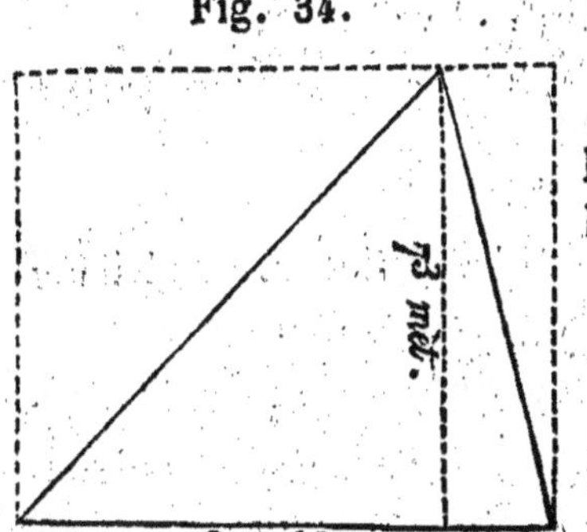

Opération (Fig. 34).

Multipl. 87 mèt. de base
par 36,5 ½ de la hauteur.

435
522
261

= 3175,5 = 31 ares 75.

Fig. 35.

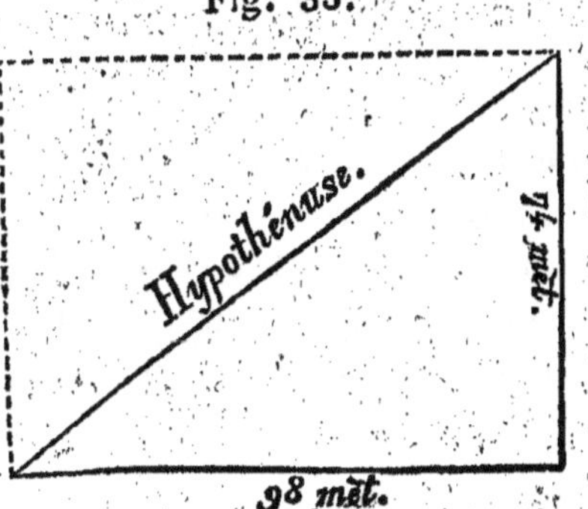

Opération (Fig. 35).

Multipl. 98 mèt. de base
par 37 mèt. ½ de la haut.

686
294

= 3626 mèt. carrés ou 36 ares 26 centiares.

52. *Qu'est-ce que le triangle scalène ?*

Le triangle scalène est celui qui a tous ses côtés inégaux (*fig.* 34). Scalène signifie boiteux.

53. *Qu'est-ce que le triangle rectangle ?*

Le triangle rectangle est celui qui a un angle droit (*fig.* 35).

54. *Comment appelle-t-on le côté opposé à l'angle droit ?*

Dans le triangle rectangle, le côté opposé à l'angle droit s'appelle *hypothénuse.*

55. *Comment trouve-t-on la surface d'un triangle quelconque ?*

On trouve la surface d'un triangle quelconque en multipliant sa base par la moitié de sa hauteur, ou en multipliant sa base par sa hauteur et prenant la moitié du produit, car la surface d'un triangle n'est que la moitié de celle d'un carré.

Ainsi, pour avoir la surface des triangles ci-contre, j'abaisse sur la base de chacun des trois premiers une perpendiculaire droite qui forme angle droit avec la base, ce qui est de toute rigueur.

Je donne les mesures d'après l'échelle (*fig.* 22), et j'opère comme il vient d'être dit. (Voir les opérations.)

Nous avons dit qu'un triangle n'est que la moitié d'un carré. Cette vérité est assez clairement démontrée par la formation des carrés que nous avons pointés en prenant pour côté de chacun la base de chaque triangle.

En effet, si l'on calcule et que l'on réunisse les surfaces des parties comprises entre les lignes formant un triangle et les lignes pointées, on aura une surface égale à celle de ce triangle.

Donc un carré parfait ou un carré long renferment deux triangles égaux, dont la surface est égale à celle de ce carré ; donc, etc.

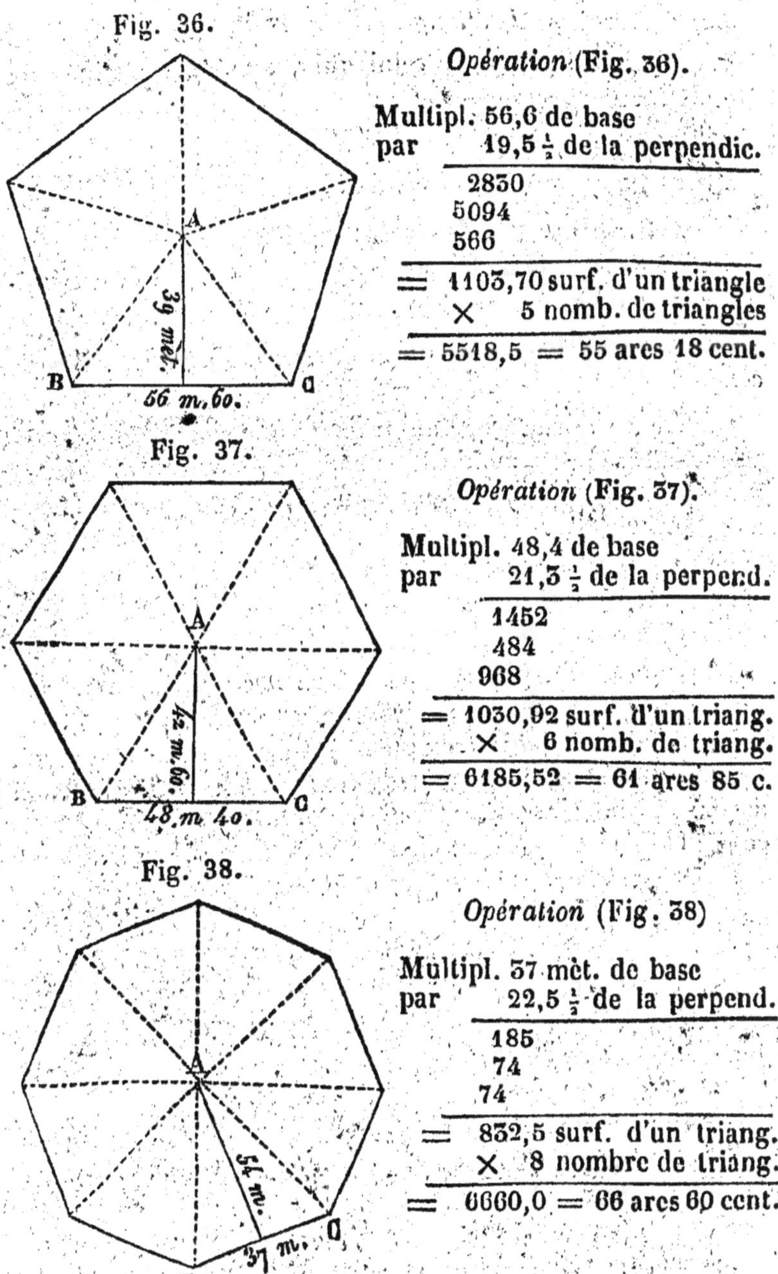

Opération (Fig. 36).

Multipl. 56,6 de base
par 19,5 ½ de la perpendic.

2830
5094
566

= 1103,70 surf. d'un triangle
× 5 nomb. de triangles

= 5518,5 = 55 ares 18 cent.

Opération (Fig. 37).

Multipl. 48,4 de base
par 21,3 ½ de la perpend.

1452
484
968

= 1030,92 surf. d'un triang.
× 6 nomb. de triang.

= 6185,52 = 61 ares 85 c.

Opération (Fig. 38)

Multipl. 37 mèt. de base
par 22,5 ½ de la perpend.

185
74
74

= 832,5 surf. d'un triang.
× 8 nombre de triang.

= 6660,0 = 66 ares 60 cent.

DÉFINITION ET SURFACE DES POLYGONES.

56. *Qu'appelle-t-on polygone ?*

On appelle polygone une surface renfermée entre plusieurs lignes droites.

57. *Comment distingue-t-on les polygones?*

On distingue les polygones par le nombre de leurs côtés.

58. *Quel est le polygone qui a le moins de côtés ?*

Le polygone qui a le moins de côtés est le triangle.

59. *Les quadrilatères sont donc aussi des polygones?*

Les quadrilatères sont des polygones qui, comme les triangles, ont des noms qui leur sont propres.

DES POLYGONES RÉGULIERS.

60. *Qu'appelle-t-on polygone régulier ?*

On appelle polygone régulier celui dont tous les côtés et tous les angles sont égaux.

61. *Comment nomme-t-on un polygone qui a cinq côtés ?*

Un polygone qui a cinq côtés se nomme pentagone (*fig.* 36).

62. *Qu'appelle-t-on hexagone?*

On appelle hexagone un polygone qui a six côtés (*fig.* 37).

63. *Qu'appelle-t-on octogone?*

On appelle octogone un polygone qui a huit côtés (*fig.* 38).

64. *Comment trouve-t-on la surface d'un polygone régulier?*

On trouve la surface d'un polygone régulier en multipliant son contour par la moitié de la perpendiculaire qui tombe du centre du polygone sur le milieu de l'un quelconque de ses côtés.

Ainsi, pour avoir la surface des polygones ci-contre, j'abaisse du centre A une perpendiculaire sur chacun des côtés BC, qui sont autant de triangles ; je donne les mesures d'après l'échelle de porportion (*fig.* 22), et j'opère comme il vient d'être dit (Voir les opérations).

NOTA. *Lorsque, de l'un de ses angles pris à volonté pour point de départ, on joint par des diagonales tous ses angles opposés, un polygone quelconqe se trouve divisé en autant de triangles qu'il a d'angles,* MOINS DEUX.

Fig. 39.

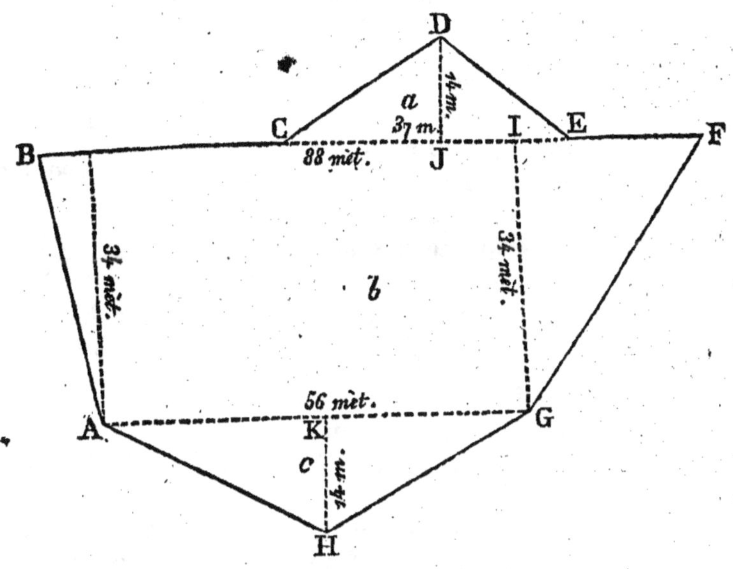

Opération.

Multipl. 37 m. base CE.
par 7 m. ½ de DJ.
= 259 m. q. surface *a*.

Ad. 56 m. longueur AG.
avec 88 m. base BF.
= 144 mèt.
½ = 72 m. long. moyenne.
× 34 m. larg. GI.
288
216
= 2448 m. q. surface *b*.

Multipl. 56 m. base AG.
par 7 m. ½ de HK.
= 392 m. q. suface *c*.

Récapitulation.

Add. 259 mèt. carrés surface du triangle *a*.
— 2448 — — du trapèze *b*.
— 392 — — du triangle *c*.

= 3099 mèt. carrés ou 30 ares 99 centiares = la surface totale du polygone proposé.

DES POLYGONES IRRÉGULIERS.

65. *Qu'appelle-t-on polygone irrégulier?*

On appelle polygone irrégulier celui dont les côtés et les angles sont inégaux.

66. *Qu'appelle-t-on diagonale?*

On appelle diagonale une ligne droite tirée d'un angle à un autre dans une figure quelconque.

67. *Que faut-il faire pour avoir la surface des polygones irréguliers?*

Pour avoir la surface des polygones irréguliers, il faut les partager en triangles par des lignes diagonales, évaluer séparément la surface de chaque triangle, réunir les surfaces partielles dont le total sera la surface du polygone proposé.

On peut aussi, quand il est possible de le faire, former des trapèzes et des parallélogrammes.

Soit le polygone irrégulier (*fig.* 39), dont on demande la surface.

SOLUTION. Je forme le triangle CDE au moyen de la ligne pointée CE; je tire la ligne AG, et j'obtiens le triangle AHG; il me reste le trapèze AGBF.

J'abaisse les perpendiculaires DJ, GI, et enfin HK.

Je donne les mesures d'après l'échelle de proportion (*fig.* 21).

Ensuite je calcule 1° la surface du triangle *a* en multipliant la longueur de la base CE par la moitié de la perpendiculaire DJ; 2° la surface du trapèze *b* en multipliant la moitié de la somme des deux longueurs AG et BF par la largeur GI; 3° celle du triangle *c* en multipliant la longueur de la base AG par la moitié de la perpendiculaire HK.

J'additionne ensemble ces trois surfaces *a*, *b*, *c*, et leur somme 3099 mètres carrés ou 30 ares 99 centiares est la surface du polygone proposé.

Nota. Quand on opère sur le terrain, on doit choisir, pour point de départ, la position la plus convenable, afin de donner au plan la meilleure distribution.

On doit aussi faire l'esquisse du plan, et coter immédiatement chaque ligne que l'on a mesurée.

Fig. 40.

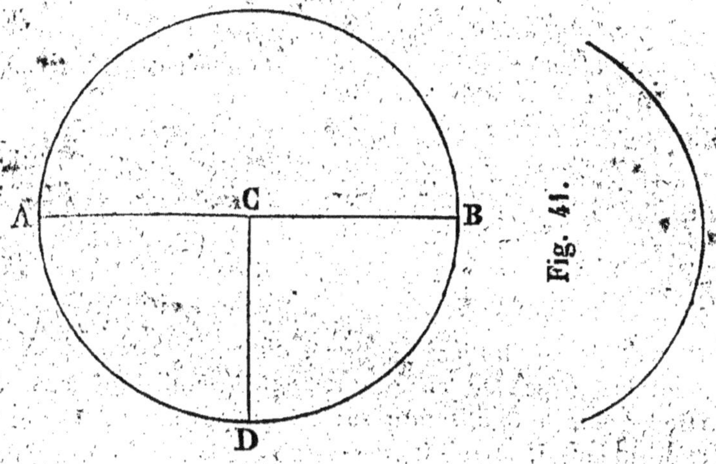

Fig. 42.

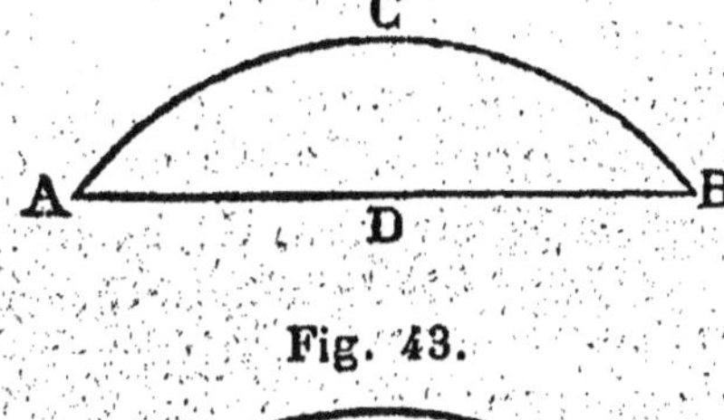

Fig. 43.

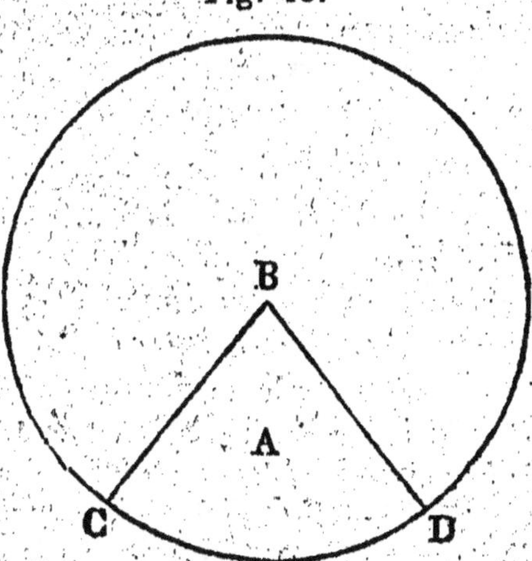

DÉFINITION DU CERCLE ET DE SES PARTIES.

67. *Qu'est-ce qu'un cercle ?*

Un cercle (*fig.* 40) est une surface renfermée par une ligne courbe appelée circonférence.

68. *Qu'est-ce qu'une circonférence ?*

Une circonférence est une ligne courbe dont tous les points sont également éloignés d'un point intérieur que l'on appelle centre.

69. *Qu'est-ce que le diamètre d'un cercle ?*

Le diamètre d'un cercle est une ligne droite AB (*fig.* 40) qui, passant par le centre, a ses extrémités à la circonférence.

Le diamètre partage le cercle en deux parties égales appelées demi-cercles.

70. *Qu'appelle-t-on rayon d'un cercle ?*

On appelle rayon d'un cercle une ligne droite qui mesure la distance du centre à la circonférence.

Dans la figure 40, AC est un rayon ainsi que CD.

Le rayon est par conséquent la moitié du diamètre.

71. *Qu'appelle-t-on arc d'un cercle ?*

On appelle arc d'un cercle (*fig.* 41) une partie quelconque de la circonférence.

72. *Qu'appelle-t-on corde ou sous-tendante d'un arc ?*

On appelle corde ou sous-tendante une ligne droite qui joint les extrémités d'un arc. La ligne AB (*fig.* 42) est une corde.

73. *Qu'est-ce qu'un segment ?*

Un segment est la partie du cercle renfermée entre un arc et sa corde. ABCD (*fig.* 42) est un segment.

74. *Qu'est-ce qu'un secteur ?*

Un secteur est la partie du cercle renfermée entre un arc et les deux rayons qui aboutissent aux extrémités de cet arc. Ainsi, dans la figure 43, la partie A renfermée entre BCD, est un secteur.

75. *Comment divise-t-on la circonférence d'un cercle ?*

D'après l'ancien système, la circonférence d'un cercle quelconque se divise en 360 parties que l'on appelle degrés, et d'après le nouveau système en 400 parties que l'on nomme grades.

Fig. 44.

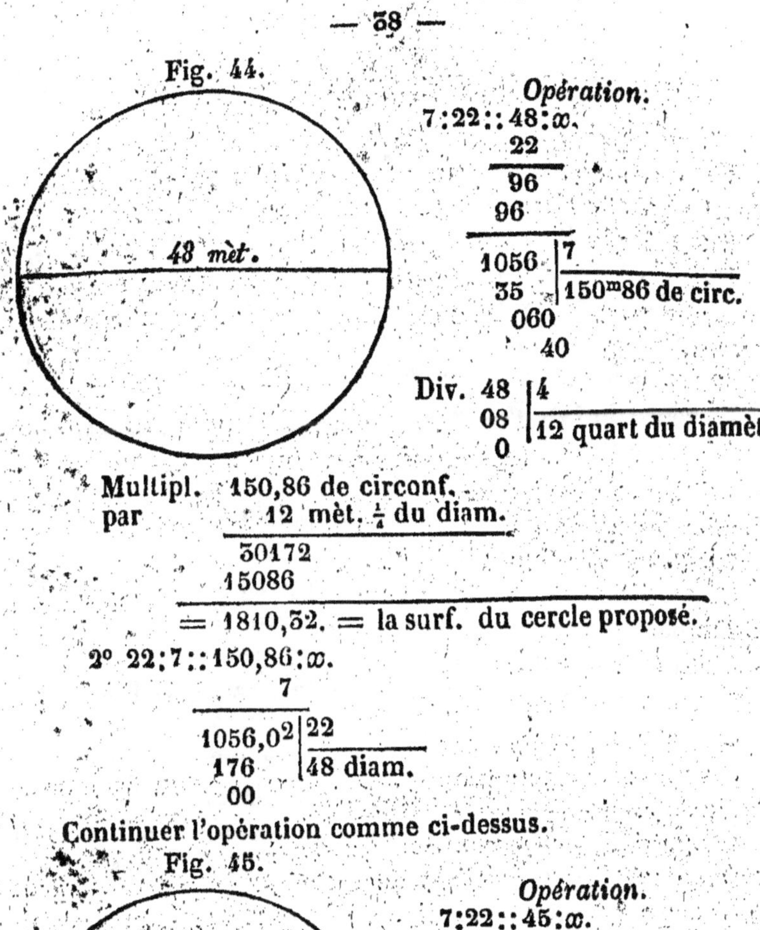

Opération.

7 : 22 : : 48 : x.
 22

 96
 96

 1056 | 7
 35 | 150^{m}86 de circ.
 060
 40

Div. 48 | 4
 08 | 12 quart du diamèt.
 0

Multipl. 150,86 de circonf.
par 12 mèt. $\frac{1}{4}$ du diam.

 30172
 15086

= 1810,32. = la surf. du cercle proposé.

2° 22 : 7 : : 150,86 : x.
 7

 1056,02 | 22
 176 | 48 diam.
 00

Continuer l'opération comme ci-dessus.

Fig. 45.

45 m.

Opération.

7 : 22 : : 45 : x.
 45

 110
 88
 ---
 990 | 7
 29 | 141,43 circonfér. du cerc. entier.
 10
 30
 20

Div. 45 | 4
 05 | 11,25 $\frac{1}{4}$ du diam.
 10
 20
 0

 70,715 $\frac{1}{2}$ circonf.
× 11,25 $\frac{1}{4}$ du diam.

 353575
 141430
 70715
 70715

= 795,54375 = 7 ares 95 cent surf. demandée.

DE LA SURFACE DU CERCLE ET DE SES PARTIES.

76. *Comment trouve-t-on la surface du cercle?*

On trouve la surface du cercle en multipliant la circonférence par la moitié du rayon ou le quart du diamètre.

77. *Comment trouve-t-on la longueur de la circonférence?*

La circonférence d'un cercle quelconque est trois fois un septième plus grande que le diamètre.

Ainsi un cercle qui a 7 mètres de diamètre, a une circonférence de $7 \times 3\frac{1}{7} = 22$ mètres; ce qui constitue la proportion suivante : 7 de diamètre est à 22 de circonférence, comme le diamètre donné est à la circonférence cherchée.

78. *Si l'on ne connaissait que la circonférence, comment trouverait-on le diamètre?*

Si l'on ne connaissait que la circonférence, on trouverait le diamètre par la proportion suivante : 22 est à 7, comme la circonférence donnée est au diamètre cherché.

Soit 1° à trouver la surface du cercle (*fig.* 44), ayant 48 mètres de diamètre.

Solution. Je cherche la circonférence d'après la première formule ci-dessus, et j'obtiens 150 mètres 86 centimètres pour la longueur de la circonférence que je multiplie par 12, quart du diamètre, et le produit 1810 mètres carrés est la surface du cercle proposé.

Soit 2° à trouver la surface du cercle (*fig.* 44), ayant 150 mètres 86 centimètres de circonférence, en supposant que le diamètre soit inconnu.

Solution. Je cherche le diamètre d'après la seconde formule ci-dessus, et j'obtiens 48 mètres. Il ne reste plus qu'à multiplier la circonférence par le quart du diamètre, ce que nous avons déjà fait dans la première opération.

79. *Comment obtient-on la surface du demi-cercle?*

On obtient la surface du demi-cercle en prenant la moitié de la surface du cercle entier, ou en multipliant la moitié de la circonférence du cercle entier par le quart du diamètre.

Soit à trouver la surface du demi-cercle (*fig.* 45).

(Voir l'opération.)

Fig. 46.

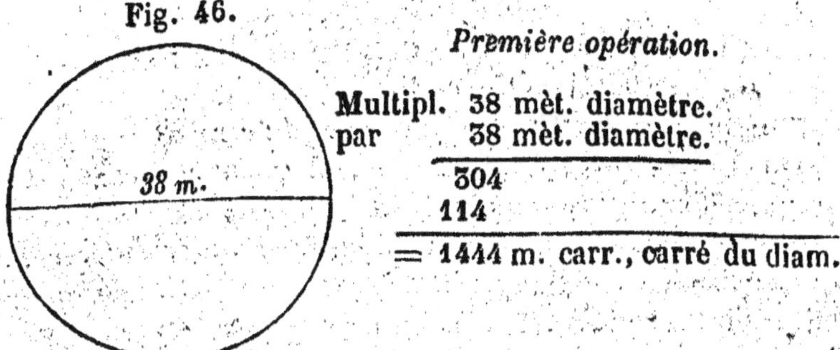

Première opération.

Multipl. 38 mèt. diamètre.
par 38 mèt. diamètre.

304
114

= 1444 m. carr., carré du diam.

14 : 11 :: 1444 : x

11

1444
1444

15884 | 14
18 | 1134,57 surface du cercle.
048
064
080
100
02

2° *Opération pour retrouver le diamètre.*

11 : 14 :: 1134,57 : x = 1444. $\sqrt{14.44}$ | 38 diamètre.
544 | 68
00

Fig. 47.

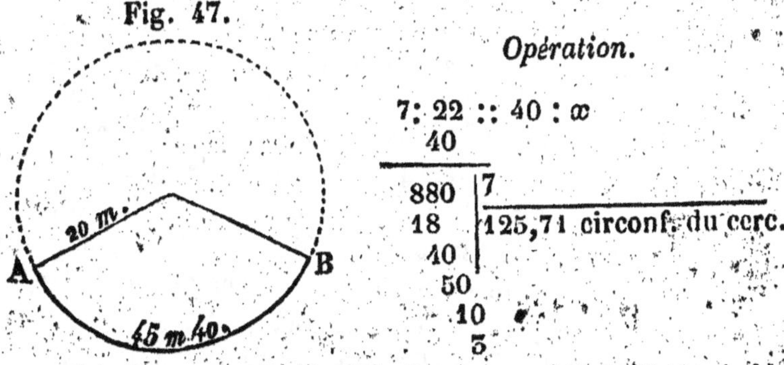

Opération.

7 : 22 :: 40 : x
40

880 | 7
18 | 125,71 circonf. du cerc.
40
50
10
3

360 : 125,71 :: 130 : x. = 45 mèt. 40 centimètres. = la longueur de l'arc qui, multipliée par 10, moitié du rayon. = 454 mètres carrés pour la surface du secteur proposé.

80. *Quel rapport existe-t-il entre le carré du diamètre et la surface du cercle?*

Le carré du diamètre : la surface du cercle :: 14 : 11.

D'après cela, on peut trouver la surface d'un cercle en faisant la seule proportion suivante : 14 : 11 :: le carré du diamètre : la surface du cercle proposé.

Soit à trouver, par ce procédé, la surface du cercle (*fig.* 46), ayant 38 mètres de diamètre.

Solution. 38 × 38=1444 mètres carrés, carré du diamètre.

Ensuite je fais la proportion indiquée, et je trouve 1134 mètres carrés 57 pour la surface du cercle proposé.

81. *Comment découvre-t-on le diamètre d'un cercle dont on connaît seulement la surface?*

La surface d'un cercle étant connue, on découvre le diamètre en suivant cette formule : 11 : 14 :: la surface du cercle : carré du diamètre dont la racine carrée égale le diamètre du cercle donné.

Soit à trouver le diamètre du cercle (*fig.* 46), dont la surface est de 1134 mètres carrés 57.

Solution. Je fais la proportion indiquée ; x = 1444 dont la racine carrée est de 38 mètres, diamètre cherché.

DE LA SURFACE DU SECTEUR.

82. *Comment obtient-on la surface du secteur?*

On obtient la surface du secteur en multipliant la longueur de l'arc qui lui sert de base, par la moitié du rayon.

83. *Comment détermine-t-on la longueur d'un arc?*

On détermine avec le rapporteur le nombre de degrés que renferme la longueur de l'arc, puis on fait cette proportion : 360 degrés : la longueur de la circonférence entière du cercle :: le nombre de degrés que renferme la longueur de l'arc : la longueur de l'arc donné.

Soit à trouver la surface du secteur (*fig.* 47).

Je mesure avec le rapporteur l'arc AB ; il contient 130 degrés ; ensuite j'opère comme il vient d'être dit.

Fig. 48.

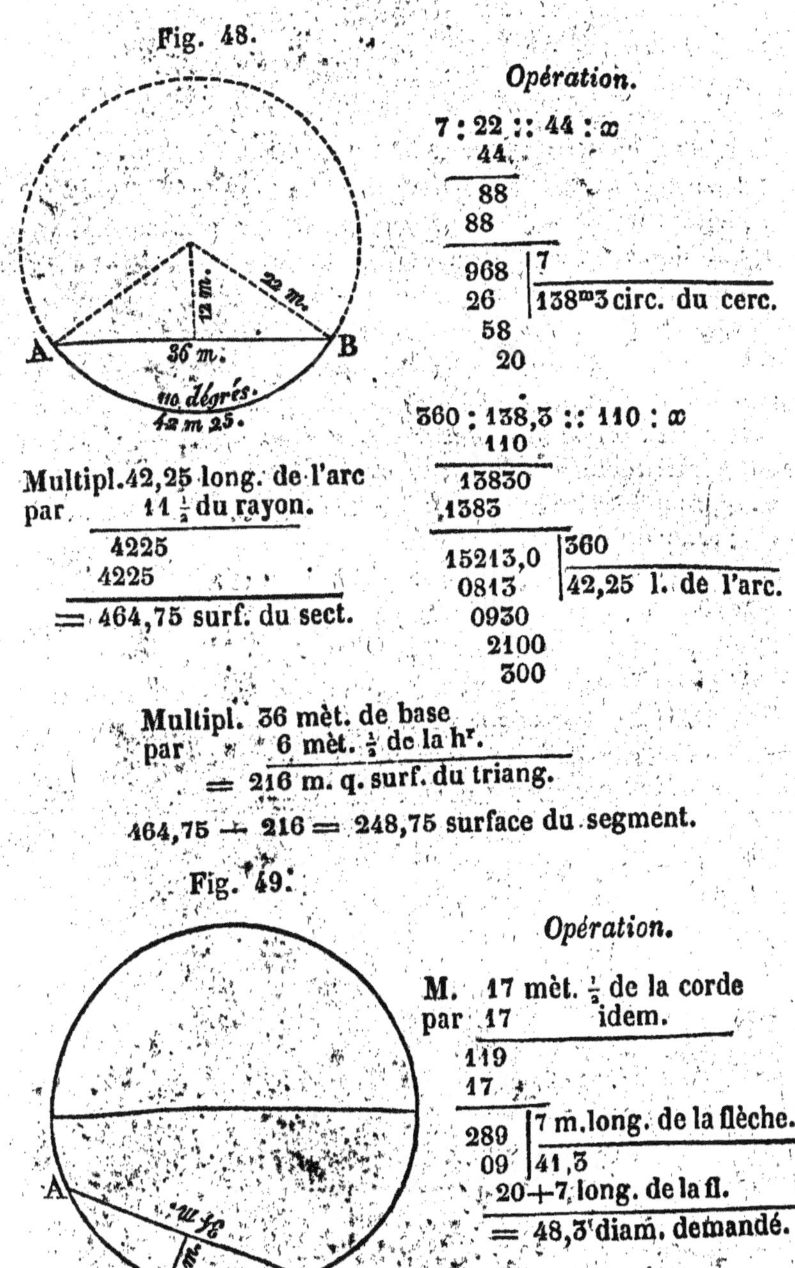

Opération.

7 : 22 :: 44 : x
44
88
88
968 | 7
26 | 138^{m}3 circ. du cerc.
58
20

360 : 138,3 :: 110 : x
110
13830
1383
15213,0 | 360
0813 | 42,25 l. de l'arc.
0930
2100
300

Multipl. 42,25 long. de l'arc
par 11 ½ du rayon.
4225
4225
= 464,75 surf. du sect.

Multipl. 36 mèt. de base
par 6 mèt. ½ de la h^{r}.
= 216 m. q. surf. du triang.

464,75 — 216 = 248,75 surface du segment.

Fig. 49.

Opération.

M. 17 mèt. ½ de la corde
par 17 idem.
119
17
289 | 7 m. long. de la flèche.
09 | 41,3
20 + 7 long. de la fl.
= 48,3 diam. demandé.

DE LA SURFACE DU SEGMENT.

84. *Que faut-il faire pour avoir la surface du segment ?*

Pour avoir la surface du segment, il faut retrancher la surface du triangle compris dans le secteur de celle du secteur même, et le reste sera la surface du segment donné.

Soit à trouver la surface du segment (*fig*. 48).

Des extrémités de l'arc AB, je dirige deux rayons sur le centre du cercle pour avoir le secteur, qui a 22 mètres de hauteur ; l'arc contient 110 degrés.

Je trouve la circonférence du cercle entier ; elle est de 138 mètres 3 ; puis je trouve la longueur de l'arc par la proportion indiquée au n° précédent. Cette longueur est de 42 mètres 25 que je multiplie par 11, moitié du rayon, et le produit 464 mètres carrés 75 est la surface du secteur.

Je cherche ensuite la surface du triangle ; elle est de 216 mètres carrés que je retranche de 464, 75, et le reste 248 mètres carrés 75 est la surface du segment donné.

85. *Si l'on ne connaissait ni la longueur de la circonférence, ni le diamètre, ni la surface d'un cercle, mais seulement la longueur de la corde qui sous-tend l'un de ses arcs et celle de la flèche, comment trouverait-on le diamètre ?*

Il faudrait diviser le carré de la moitié de la corde par la longueur de la flèche, et ajouter au quotient la longueur même de la flèche ; le total donnerait le diamètre du cercle proposé.

Exemple. La longueur de la corde qui sous-tend l'arc A B, étant de 34 mètres, et celle de la flèche étant de 7 mètres, trouver le diamètre du cercle (*fig*. 49).

J'élève au carré le nombre 17 qui est la moitié de la longueur de la corde ; je divise le produit 289 par 7 mètres, longueur de la flèche, et le quotient 41 mètres 3 plus 7 = 48 mètres 3 décimètres = le diamètre du cercle proposé.

Fig. 50.

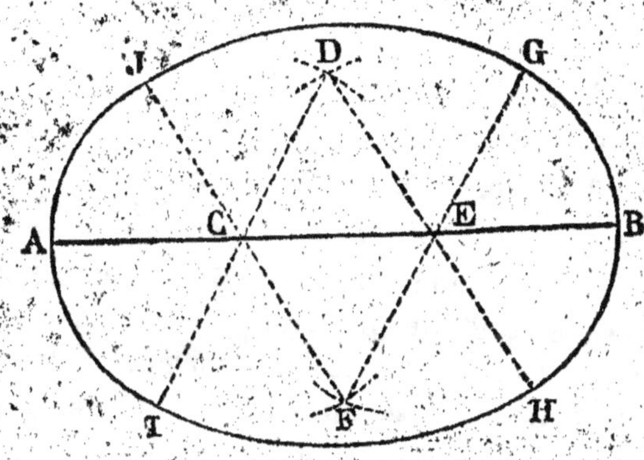

Fig. 51.

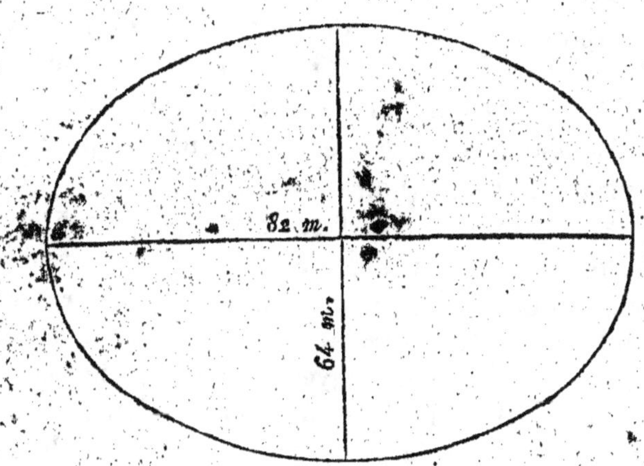

82 × 64 = 5248. $\sqrt{5248}$ est de 72,44 = le diamèt. moyen. 7 : 22 :: 72,44 : x = la circonférence = 227^{m},67 × 18,11 $\frac{1}{4}$ du diamètre = 4123 mètres carrés = la surface de l'ellipse proposée.

Ou bien encore 14 : 11 :: 5248 : x = la surface de l'ellipse = aussi 4123 ou 41 ares 23 centiares.

DÉFINITION ET SURFACE DE L'ELLIPSE.

86. *Qu'appelle-t-on ellipse ?*

L'ellipse est une ligne courbe qui a deux arcs ou diamètres dont l'un est plus grand que l'autre.

87. *Que faut-il faire pour tracer l'ellipse (fig. 50)?*

Il faut partager le diamètre AB en trois parties égales ; des points C, E et d'une ouverture de compas égale au tiers du diamètre, décrire les arcs DF ; former le losange CDEF, et prolonger les côtés comme on le voit ; ensuite des points C et E décrire les arcs IAJ et GBH; puis, du point D et d'une ouverture de compas, décrire l'arc HI ; enfin, du point F, décrire l'arc JG.

88. *Comment obtient-on la surface de l'ellipse ?*

Les deux diamètres de l'ellipse ont entre eux un diamètre moyen proportionnel qu'on obtient en extrayant la racine carrée du produit des deux diamètres : cette racine est le diamètre d'un cercle dont la surface est égale à celle de l'ellipse.

Le diamètre moyen étant connu, on opère comme pour la surface du cercle (*Voir* nos 76 et 80).

Soit à trouver la surface de l'ellipse (*fig.* 51).

Je mesure les deux diamètres : le grand est de 82 et le petit de 64 mètres ; je multiplie l'un par l'autre, et de leur produit 5248 mètres carrés, j'extrais la racine carrée qui est de 72 mètres 44, diamètre moyen dont je cherche la circonférence par la proportion indiquée au nº 77 ; elle est de 227 mètres 67 que je multiplie par le quart du diamètre, et j'obtiens 4123 mètres carrés pour la surface de l'ellipse proposée.

Ou bien encore, j'emploie le procédé du nº 80: après avoir multiplié le grand diamètre par le petit, dont le produit est de 5248 mètres carrés, je fais la proportion $14 : 11 :: 5248 : x$; d'où x égale la surface de l'ellipse = 4123 mètres carrés ou 41 ares 23 centiares.

Fig. 52.

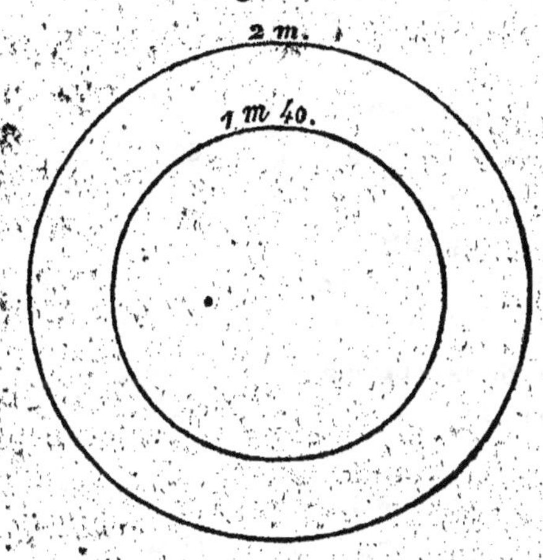

Opération.

22 : 7 :: 2 mèt. x = 0 mèt. 6363, diamètre du grand cercle, dont le ¼ est de 0,1591 × la circonférence 2 mèt. = 0,3181. 22 : 7 :: 1 mèt. 40 : x = 0 mèt. 4455 diamètre du petit cercle, dont le ¼ est de 0,1114 × la circonférence 1 mèt. 40 = 0,1559, ôtés de 0,3181 ; il reste 0 mèt. q. 2622 centimètres carrés pour la surface de cette couronne.

Fig. 53.

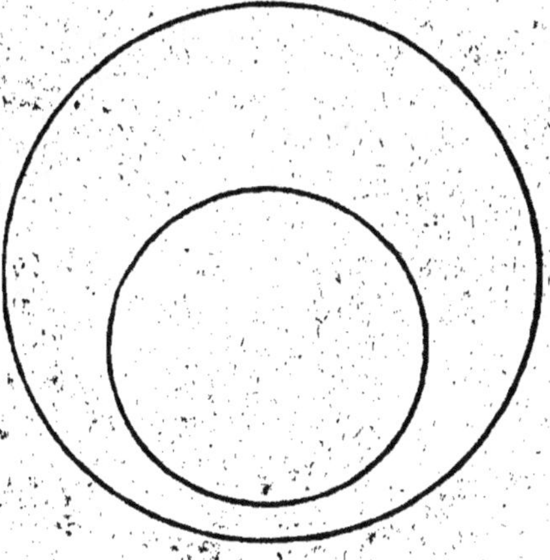

DÉFINITIONS ET SURFACE DE LA COURONNE.

89. *Qu'appelle-t-on couronne ?*

On appelle couronne l'espace compris entre deux circonférences. Lorsqu'elle est régulière, les deux circonférences ont un centre commun.

90. *Que faut-il faire pour avoir la surface de la couronne ?*

Pour avoir la surface de la couronne, il faut chercher la surface des deux cercles qui la composent, retrancher celle du petit de celle du grand, et le reste est la surface de la couronne proposée.

Soit à trouver la surface de la couronne (*fig.* 52) dont la circonférence du grand cercle est de 2 mètres, et celle du petit 1 m. 40.

Je cherche la surface des deux cercles d'après le n° 76 ; celle du grand est de 0m q. 3181 centimètres carrés, et celle du petit de 0m q. 1559 centimètres carrés ; leur différence est de 0m q. 2622. La surface de la couronne proposée est par conséquent de 0m q. 2622 centimètres carrés.

90 *bis. Qu'appelle-t-on couronne irrégulière ?*

On appelle couronne irrégulière (*fig.* 53) l'espace compris entre deux circonférences qui n'ont point un centre commun.

91. *Comment obtient-on la surface de la couronne irrégulière ?*

On obtient la surface de la couronne irrégulière de la même manière que celle de la couronne régulière, en retranchant la surface du petit cercle de celle du grand : leur différence égale la surface de la couronne irrégulière proposée.

———

Fig. 54.

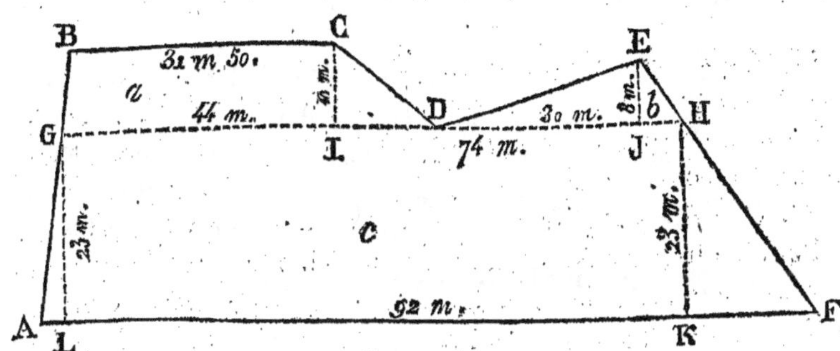

Opération.

Additionnez 31,50 longueur BC
avec 44,00 longueur GD.
= 75,50
$\frac{1}{2}$
Multipl. 37,75 longueur moyenne.
par 10 mèt. largeur.
= 377,50 surface *a*.

Multipl. 30 mèt. base DH
par 4 mèt. $\frac{1}{2}$ de la perpendicul. E J.
= 120 mèt. carrés, surface *b*.

Additionnez 74 mèt. longueur GH
avec 92 mèt. longueur AF.
= 166 mèt.
$\frac{1}{2}$
= 83 mèt. longueur moyenne.
× 23 mèt. de largeur.
249
166
= 1909 mèt. q. surface *c*.

Résumé.

Additionnez 377,5 surface *a*
— 120,0 surface *b*
— 1909,0 surface *c*
= 2406,5 surface totale.

APPLICATION DES PRINCIPES.

PREMIER PROBLÈME. *Quelle est la surface du polygone irrégulier (fig. 54)?*

SOLUTION. Je forme les trapèzes GDBC et AFGH.

Je me place sur la ligne GD, j'abaisse la perpendiculaire CI au moyen de l'équerre (*fig.* 15) que j'enfonce dans la terre; je dirige deux des pinnules vers les extrémités de la base; je regarde si j'aperçois le sommet C par les pinnules qui forment angle droit avec celles qui sont dirigées sur la base.

Si ce point C n'est pas découvert, je dirige l'équerre à droite ou à gauche jusqu'à ce que je le découvre convenablement, ayant bien soin de toujours laisser deux des pinnules vers les extrémités GD.

Je pose un jalon au point I; je mesure avec la chaîne, et je trouve que le côté BC a 31^{m} 50 c. et la base GD 44^{m}. J'additionne ces deux longueurs; je prends la moitié de leur somme que je multiplie par la hauteur que j'ai trouvée de 10 mètres, et le produit 377^{m} q. 5 dixièmes est la surface du trapèze *a*.

Ensuite je cherche la surface du triangle *b*. J'abaisse avec l'équerre la perpendiculaire EJ; je mesure avec la chaîne la base DH; elle est de 30^{m} que je multiplie par la moitié de la perpendiculaire EJ que j'ai trouvée de 8^{m}; le produit 120 mètres carrés est la surface de ce triangle.

Enfin je cherche la surface du trapèze *c*. J'abaisse avec l'équerre les perpendiculaires HK et GL qui sont égales. Je mesure avec la chaîne; le côté GH a 74^{m} et la base AF 92^{m}; j'additionne ces deux longueurs; je prends la moitié de leur somme que je multiplie par la hauteur que j'ai trouvée de 23^{m}, et le produit 1909 mètres carrés est la surface de ce trapèze.

Réunissant les surfaces partielles *a, b, c,* je trouve que la surface du polygone proposé est de 24 ares 6 centiares, 5 dixièmes.

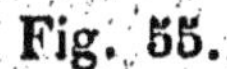

Fig. 55.

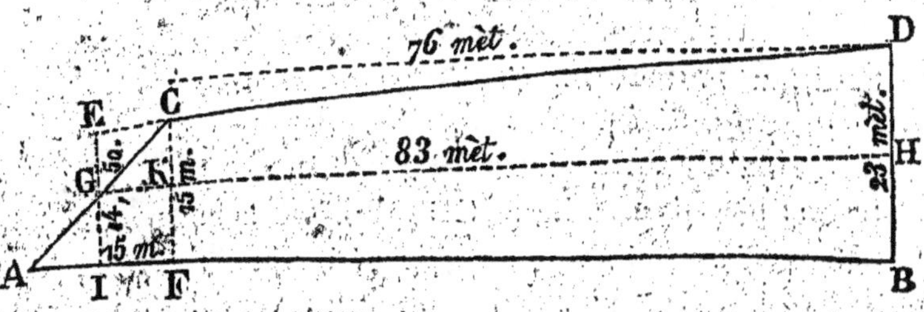

1er procédé.		2e procédé.	
Addit.	14,50 largeur IE	Addit.	15 mèt. largeur FC
avec	23,00 largeur BD.	avec	23 mèt. largeur BD.
=	37,50	=	38
½		½	
=	18,75 larg. moyenne	=	19 mèt. larg. moyenne
×...	83 m. long. m. GH.	×...	76 mèt. long. m. KH.
	5625		114
	15000		133
=	1556,25 surface totale.	=	1444 s. du trapèze FBCD.

15 m., base AF × 7,5 moitié de FC = 112,5 surface du triangle ACF.

1444 m. q. + 112,5 = 1556 mètres carrés 5 ou 15 ares 56 centiares 5 dixièmes surface totale.

Fig. 55 bis.

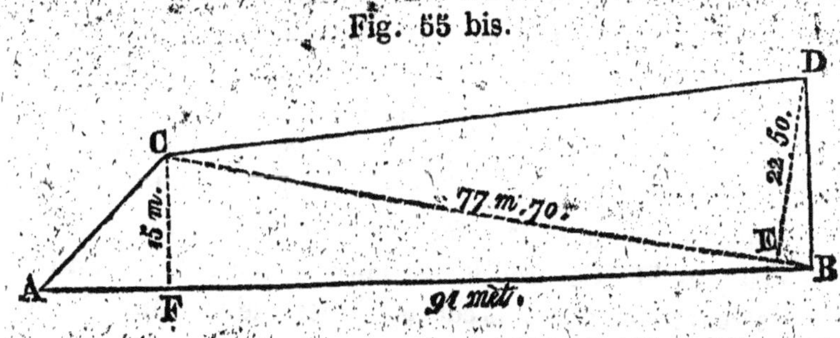

Opération.

77,70 base CB × 11,25 moitié de ED	=	874,12
91 m., base AB × 7,5 moitié de FC	=	682,50
Surface totale.		1556^m^q.62

DEUXIÈME PROBLÈME. *Quelle est la surface du champ trapèze fig.* 55?

SOLUTION. La surface de cette figure peut s'obtenir au moyen des trois procédés suivants :

Ier *procédé.* Je partage la largeur BD en deux parties égales, et la perpendiculaire IE aussi en deux parties égales ; la ligne GH est alors la longueur moyenne que je multiplie par la largeur moyenne, c'est-à-dire par la moitié de la somme des deux largeurs IE et BD, et le produit 1556 mètres carrés 25, ou 15 ares 56 centiares, égale la surface demandée.

Je pouvais aussi prendre la largeur au milieu de la distance GH, j'aurais eu également la largeur moyenne.

2e *procédé.* Je cherche séparément la surface du trapèze FBCD et celle du triangle AFC, et, réunissant les deux surfaces, j'obtiens également pour surface totale 15 ares 56 centiares.

3e *procédé.* Du point C (*fig.* 55 *bis*), je tire au point B une diagonale qui divise cette pièce en deux triangles; j'en évalue la surface d'après les procédés connus, et, réunissant les produits, je trouve encore pour surface totale 15 ares 56 centiares. (Voir les opérations pour les trois procédés.

Remarque essentielle. Dans les figures semblables à la figure 55, beaucoup de personnes additionnent ensemble les deux longueurs et prennent la moitié de leur somme qu'elles considèrent comme étant la longueur moyenne ; elles opèrent d'une manière analogue pour obtenir la largeur moyenne.

Nous faisons remarquer ici que ce procédé est inexact, et qu'il n'est applicable qu'aux lignes qui sont parfaitement parallèles.

Ces mêmes personnes prennent la largeur là où la pièce à mesurer commence à faire un angle rentrant, par exemple la largeur FC. Ce procédé est faux également, et conduit à des erreurs d'autant plus considérables que le grand côté du trapézoïde est plus prolongé.

D'après cette manière de mesurer, on obtient toujours une surface trop grande.

Pour les figures irrégulières en général, la division en triangles doit être préférée comme étant très-juste, et souvent la plus facile.

Fig. 56.

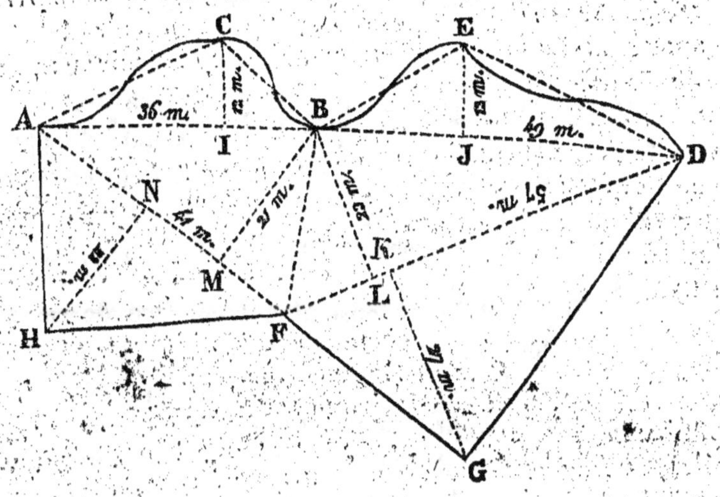

Opération.

1e 36 m. base AB ×	6 m. moitié de la perp.		IC=	216^{m}q.
2e 49 m. base BD ×	6 m.	—	JE=	294
3e 57 m. base DF ×	13 m. 5	—	LG=	769,5
4e 57 m. base FD ×	11 m.	—	KB=	627,0
5e 41 m. base AF ×	10 m. 5	—	MB=	430,5
6e 41 m. base FA ×	11 m.	—	NH=	451,0
		Surface totale.		2788^{m}q.0

Fig. 57.

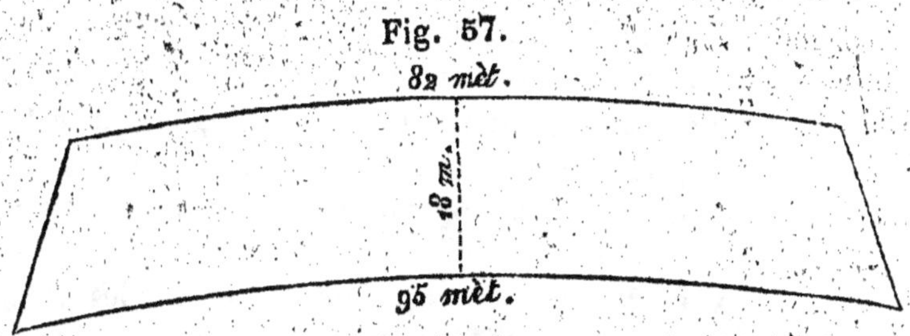

Opération.

Additionnez	82 m. petite long.	Multipl.	88,5 long. moyenn.
avec	95 m. grand long.	par	18 larg. moyenne.
=	177		7080
= ½	88,5 long. moyenne.		885
		=	1593,0 ou

15 ares 93 centiares surface cherchée.

3e Problème. *Trouver la surface du pré (fig. 56).*

Solution. Cette figure étant très-irrégulière, je la divise en triangles.

Je pars du point A, et je forme le triangle ABC; j'élève avec l'équerre la perpendiculaire IC; je mesure avec la chaîne la base AB; elle contient 36 mètres que je multiplie par 6 mètres ou la moitié de la perpendiculaire IC, et le produit 216 mètres carrés égale la surface de ce triangle.

Je forme et je mesure de même les triangles BDE, DFG, FDB, AFB et FAH.

Enfin, j'additionne ensemble la surface de ces six triangles, et leur somme 2788 mètres carrés, ou 27 ares 88 centiares, égale la surface totale de la figure proposée.

Nota. Les propriétés qui ont des lignes tortueuses, comme la (*fig.* 56), offrent, pour le mesurage, des difficultés qu'on ne peut guère surmonter qu'en établissant, comme nous l'avons fait, des triangles réguliers, de manière à ce que la partie du terrain abandonné se trouve compensée par l'emprunt que l'on fait sur le terrain voisin. On a ainsi la surface exacte à très-peu de chose près. D'ailleurs les sinuosités de ce genre ne se rencontrent guère que sur les bords des rivières, des ravins, des bois, qui font ordinairement de ces parties de terrains des propriétés de peu de valeur.

4e Problème. *Trouver la surface de la fig.* 57.

Solution. Le mesurage de cette figure et des figures semblables ne présente pas plus de difficultés que celui des figures rectilignes; car on peut toujours, en mesurant à petites distances, obtenir la longueur exacte des lignes courbes dont elles sont formées.

Ainsi, je mesure avec le demi-décamètre les lignes courbes de la *fig.* 57; j'obtiens 82 mètres pour la petite, et 95 mètres pour la grande longueur.

Les lignes étant parallèles, je les additionne ensemble; je prends la moitié de leur somme, et j'ai 88 m. 5 pour la longueur moyenne que je multiplie ensuite par la largeur moyenne 18 mètres, et le produit 1593 mètres carrés, ou 15 ares 93 centiares, égale la surface demandée.

Fig. 58.

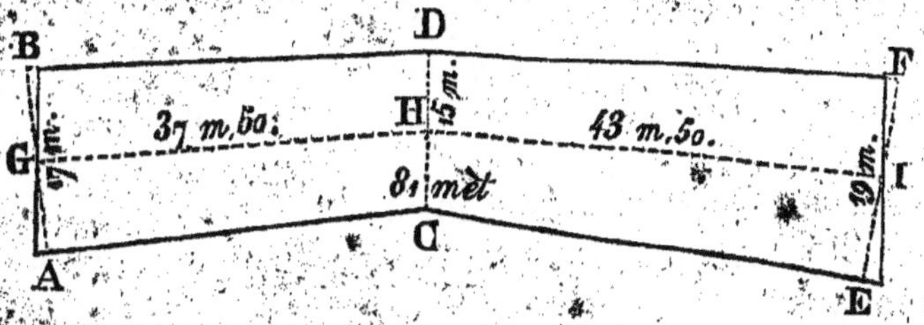

B D F
G 17 m. 37 m.50. H 15 m. 43 m.50. 19 m. I
81 mèt
A C E

Opération.

Addit.	17 m. larg. AB		Addit.	15 m. larg. CD
avec	15 m. larg. CD.		avec	19 m. larg. EF.
=	32		=	34
$\frac{1}{2}$			$\frac{1}{2}$	
=	16 m. larg. moyenne		=	17 m. larg. moyenne
×...	37 m. 5 long. m GH.		×...	43,5 long. moyenne HI.
	80			85
	112			51
	48			68
=	600,0		=	739,5

Additionnez 600 mèt. carrés
avec 739,5
= 1339,5 surface totale.

Premier procédé faux.

Addit.	17 m. larg. AB		Multipl.	81 m. long. moyenne
avec	15 — CD		par	17 larg. moyenne.
—	19 — EF			567
=	51 mèt.			81
$\frac{1}{3}$				
=	17 m. fausse larg. moy.		=	1377 mèt. q. au lieu de

1339 m.q. 5 Différence en plus 37,5.

Deuxième procédé.

Addit.	17 mèt. larg. AB		Multipl.	16,5 larg. moyenne
avec	15 — CD		par	81 m. long. moyenne.
—	15 — CD			165
—	19 — EF			1320
=	66			
$\frac{1}{4}$				1336,5 au lieu de 1339,5.
=	16,5 larg. moy.			Différence en moins 3 mèt. q.

5e PROBLÈME. *Trouver la surface du champ* (*fig.* 58).

SOLUTION. Je trace les perpendiculaires AB et EF comme il est dit au deuxième problème; je trace également la perpendiculaire CD; je mesure avec la chaîne; je multiplie la moitié de la somme des deux largeurs AB et CD par la longueur moyenne GH, prise au milieu.

Je multiplie ensuite la moitié de la somme des deux largeurs CD et EF par la longueur moyenne HI, également prise au milieu. Je réunis les deux produits, et leur somme 1339 mètres carrés 5 dixièmes, ou 13 ares 39 centiares 5 dixièmes, est la surface de la figure proposée.

Remarque. Dans les figures semblables à la *fig.* 58, beaucoup de personnes additionnent ensemble les trois largeurs et prennent le tiers de leur somme qu'elles multiplient ensuite par la longueur totale moyenne; d'autres ajoutent aux largeurs des deux bouts deux fois la largeur prise là où la pièce fait un angle rentrant ou sortant, par exemple la largeur CD, et prennent le quart de leur somme qu'elles multiplient par la longueur totale.

Le premier de ces deux procédés est complétement inexact, et nous recommandons de ne jamais l'employer.

Quant au second, il n'est vrai que lorsque la largeur est prise à une égale distance des deux extrémités de la pièce, c'est-à-dire au milieu.

Nous allons appliquer ces deux procédés à la *fig.* 58.

Premier procédé faux. J'additionne ensemble les largeurs AB, CD et EF; leur somme est 51 mètres, dont le tiers est 17 mètres que je multiplie par la longueur totale moyenne prise au milieu, et je trouve 1377 mètres carrés pour surface de cette figure. Différence en plus avec la vraie surface, 37 m. q. 5.

Deuxième procédé. J'additionne ensemble toutes les largeurs en reproduisant deux fois celle du milieu, ou du moins CD; leur somme est 66 mètres dont le quart est 16 m. 50 qui, × 81 mètres = 1336 m. q. Différence en moins 3 mèt. q.

En général, il vaut beaucoup mieux faire des opérations séparées que de s'exposer à commettre des erreurs par ce dernier procédé.

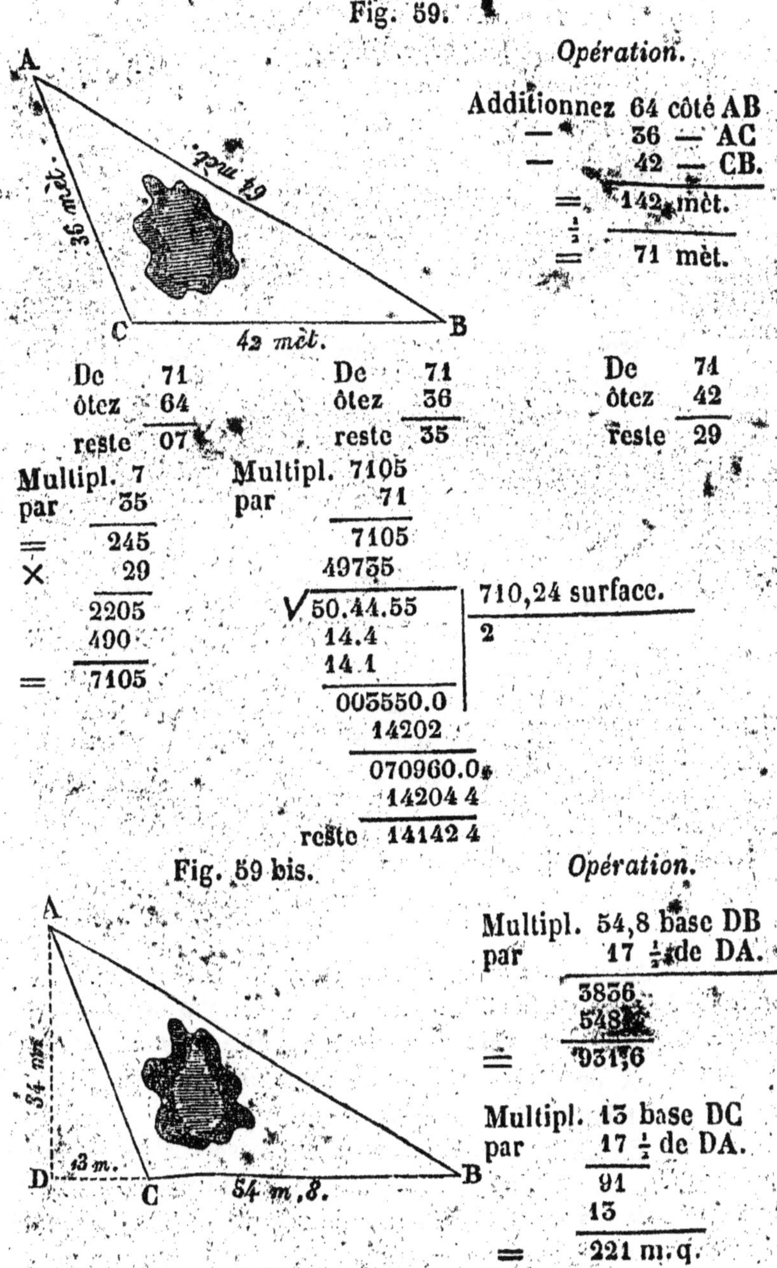

Fig. 59.

Opération.

Additionnez 64 côté AB
— 36 — AC
— 42 — CB.
= 142 mèt.
$\frac{1}{2}$ = 71 mèt.

De 71, ôtez 64, reste 07.
De 71, ôtez 36, reste 35.
De 71, ôtez 42, reste 29.

Multipl. 7
par 35
= 245
× 29
2205
490
= 7105

Multipl. 7105
par 71
7105
49735

$\sqrt{50.44.55}$ | 710,24 surface.
14.4 | 2
14.1
003550.0
14202
070960.0
14204 4
reste 14142 4

Fig. 59 bis.

Opération.

Multipl. 54,8 base DB
par 17 $\frac{1}{2}$ de DA.
3836
548
= 931,6

Multipl. 13 base DC
par 17 $\frac{1}{2}$ de DA.
91
13
= 221 m. q.

De 931,6 ôtez 221, il reste 710 m. q. 6.

DES SURFACES INACCESSIBLES INTÉRIEUREMENT.

92. *Comment trouve-t-on la surface d'un triangle inaccessible intérieurement?*

Pour trouver la surface d'un triangle inaccessible intérieurement, il faut additionner ensemble la longueur des trois côtés, prendre la moitié de leur somme, de laquelle moitié il faut ôter séparément les trois longueurs; multiplier entre eux les trois restes obtenus; multiplier ensuite leur produit par la moitié de la somme des trois côtés, et la racine carrée de ce dernier produit sera la surface du triangle proposé.

6e Problème. *Trouver la surface du triangle (fig. 59), au milieu duquel se trouve un étang qui empêche de mesurer une perpendiculaire du sommet C, sur la base AB.*

Solution. J'additionne les côtés AB, AC et CB; la moitié de leur somme est de 71 mètres dont je retranche 1° 64, et il reste 7; 2° 36, et il reste 35; 3° 42, et il reste 29. Je multiplie le premier reste 7 par le second reste 35; leur produit est 245 que je multiplie par le 3° reste 29; puis je multiplie 7105 par 71, moitié de la somme des trois côtés; ce dernier produit est 504455, dont la racine carrée est de 710 m. q. 24, ou 7 ares 10 centiares 24 centièmes, surface demandée.

AUTRE MÉTHODE.

Je prolonge le côté BC jusqu'au point D, de manière à former un angle droit avec le point A; j'ai ainsi le triangle rectangle ABD. En retranchant la surface du triangle emprunté DCA de celle du triangle rectangle DBA, j'obtiens la surface du triangle proposé ABC (*fig. 59 bis*).

En effet; 54,8, longueur de la base DB, × 17, moitié de la perpendiculaire DA, = 931 m. q. 6 dixièmes, surface ABD.

Et 13 mètres, longueur de la base DC, × 17 mètres, moitié de DA = 221 mètres carrés. De 931,6 ôtez 221 m. q., surface empruntée, il reste 710,6 pour la surface du triangle proposé.

Fig. 60.

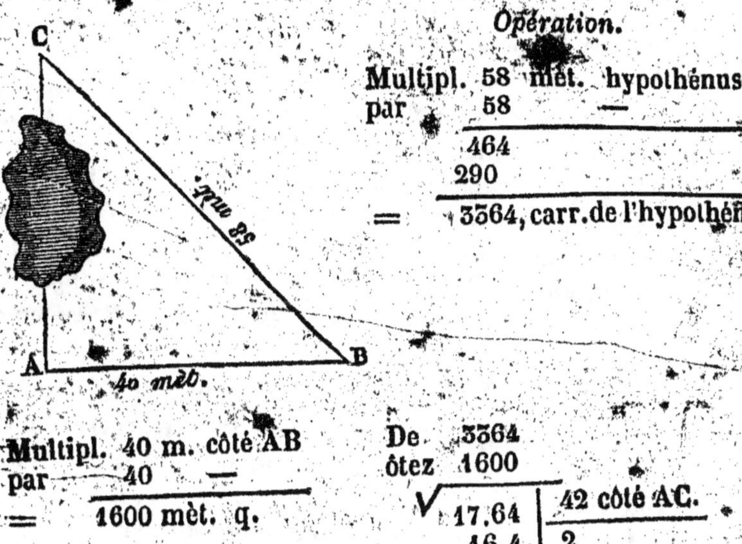

Opération.

Multipl. 58 mèt. hypothénuse
par 58 —

464
290

= 3364, carr. de l'hypothén.

Multipl. 40 m. côté AB
par 40 —

= 1600 mèt. q.

De 3364
ôtez 1600

√ 17.64 | 42 côté AC.
16.4 | 2
82
00

Multipl. 40 mèt. base AB
par 21 mèt. moitié de la perpend. AC.

= 840 mèt. carrés, surface cherchée.

Opération pour trouver l'hypothénuse.

Multipl. 40 mèt. côté AB
par 40 —

= 1600

Multipl. 42 mèt. côté AC
par 42 —

84
168

= 1764

Additionnez 1764 carré du côté AC
avec 1600 carré du côté AB.

√ 33.64 | 58 hypothénuse.
86.4 | 2
108
000

93. *Dans un triangle rectangle, à quoi est égal le carré de l'hypothénuse?*

Le carré de l'hypothénuse est égal à la somme du carré des deux côtés opposés qui forment l'angle droit.

94. *Comment détermine-t-on la longueur de l'un des côtés qui forment l'angle droit?*

Il faut retrancher le carré du côté qui forme l'angle droit, et dont la longueur est connue, du carré de l'hypothénuse, et la racine carrée du reste de la soustraction sera la longueur de l'autre côté.

7e Problème. *Déterminer la surface du triangle rectangle (fig. 60), dont l'hypothénuse et le côté AB seulement sont connus.*

Solution. J'élève au carré l'hypothénuse BC; j'en retranche le carré du côté AB; le reste 1764 = le carré du côté AC, dont la racine carrée est 42 mètres pour la longueur du côté AC.

Ensuite je cherche la surface en multipliant 40 mètres, longueur de la base AB, par 21 mètres, moitié du côté perpendiculaire AC, et le produit 840 mètres carrés, ou 8 ares 40 centiares égale la surface du triangle proposé.

95. *Comment obtient-on la longueur de l'hypothénuse?*

Pour avoir la longueur de l'hypothénuse d'un triangle rectangle quelconque, il faut additionner ensemble le carré des deux côtés qui forment l'angle droit, et de leur somme extraire la racine carrée qui sera la longueur de l'hypothénuse.

8e Problème. *La longueur des côtés AB et AC du triangle rectangle (fig. 60) étant connue, trouver la longueur de l'hypothénuse BC.*

Solution. J'élève au carré les côtés AB et AC; leur somme est 3364 mètres carrés, dont la racine carrée est 58 mètres pour la longueur de l'hypothénus BC.

Fig. 61.

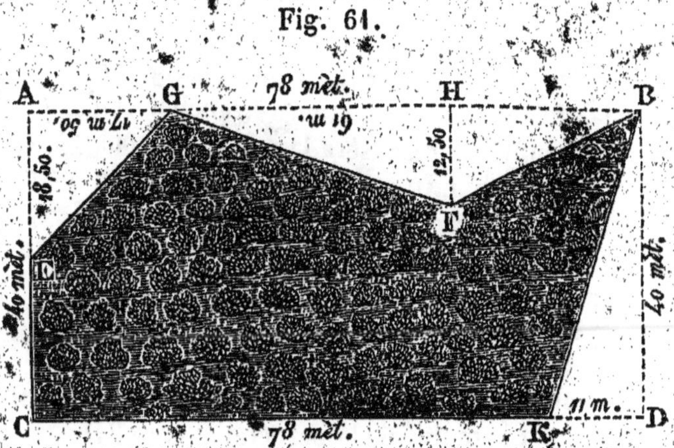

Opération.

78 × 40 = 3120 mètres carrés, surface du rectangle.
1° 17,5 base AG × 9,25 moitié de EA = 172 mèt. carrés.
2° 61,0 base GB × 6,25 moitié de FH = 381 —
3° 11,0 base KD × 20,0 moitié de DB = 220 —

Surface empruntée. 773 mèt. carrés.

ôtée de 3120, il reste 2347 pour la surface demandée.

Fig. 62.

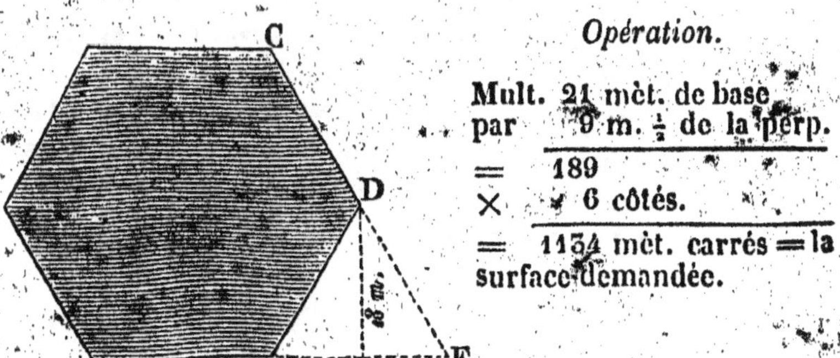

Opération.

Mult. 21 mèt. de base
par 9 m. ½ de la perp.
= 189
× 6 côtés.
= 1134 mèt. carrés = la surface demandée.

96. *Comment obtient-on la surface d'un polygone inaccessible à l'intérieur?*

Pour avoir la surface d'un polygone inaccessible à l'intérieur, il faut l'envelopper dans un rectangle, chercher la surface totale de ce rectangle, et en retrancher celle de tout le terrain emprunté, le reste sera la surface du polygone proposé.

9e Problème. *Trouver la surface du polygone irrégulier (fig. 61), inaccessible intérieurement.*

Solution. Je forme le rectangle ABCD. Je multiplie sa longueur 78 mètres par sa largeur 40 mètres, et le produit 3120 mètres carrés = sa surface. Ensuite je cherche la surface 1° du triangle AGE, en multipliant la base AG par la moitié de la hauteur EA; 2° celle du triangle GBF, en multipliant la base GB par la moitié de la perpendiculaire FH; 3° celle du triangle KDB en multipliant la base KD par la moitié de la hauteur DB.

J'additionne la surface de ces trois triangles; leur somme totale est de 773 mètres carrés que je retranche de 3120, et le reste 2347 mètres carrés ou 23 ares 47 centiares est la surface demandée.

97. *Comment obtient-on la surface d'un hexagone régulier inaccessible à l'intérieur?*

Pour avoir la surface d'un hexagone inaccessible à l'intérieur, il faut prolonger deux de ses côtés jusqu'à ce que les lignes prolongées se coupent en un point; on a ainsi un triangle dont on cherche la surface que l'on multiplie par 6, nombre de côtés de l'hexagone, et l'on a la surface demandée.

10e Problème. *Trouver la surface de l'hexagone régulier (fig. 62), inaccessible intérieurement.*

Solution. Je prolonge les côtés AB et CD jusqu'au point E, où ils se coupent; j'ai alors le triangle équilatéral emprunté BED qui est le sixième de l'hexagone, et dont la surface est de 189 mètres carrés que je multiplie par six côtés, et le produit 1134 mètres carrés, ou 11 ares 34 centiares = la surface de l'hexagone proposé.

Fig. 63.

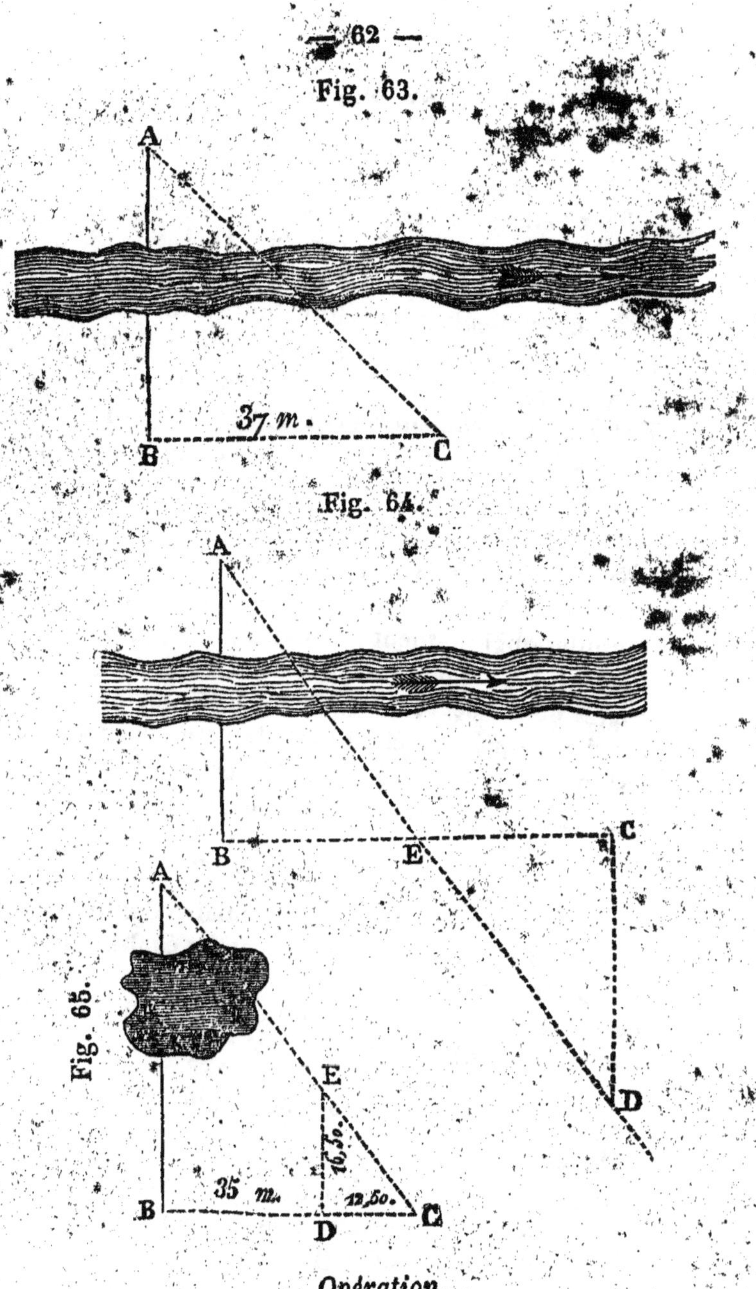

Fig. 64.

Fig. 65.

Opération.

12,50 : 16,50 :: 35 : x = 46 m. 20 longueur AB.

DE LA MESURE DES DISTANCES INACCESSIBLES.

USAGE DE L'ÉQUERRE OCTOGONALE.

98. *Comment détermine-t-on la longueur d'une ligne inaccessible au moyen de l'équerre (fig. 15)?*

De l'extrémité accessible de la ligne à mesurer, il faut élever une perpendiculaire indéfinie qui forme angle droit avec la ligne inaccessible; placer l'équerre sur cette perpendiculaire et former avec l'extrémité inaccessible un angle de 45 degrés; la distance comprise entre l'équerre et l'extrémité accessible sera égale à la longueur de la ligne inaccessible proposée.

11ᵉ Problème. *Déterminer, au moyen de l'équerre, la longueur de la ligne AB (fig. 63).*

Solution. J'élève la perpendiculaire BC qui forme angle droit avec AB ; je dirige sur cette perpendiculaire deux des pinnules qui indiquent les angles droits; je cherche à découvrir le point A en regardant par l'une des pinnules qui forment les angles de 45 degrés; et pour cela je me dirige à droite ou à gauche ; le point A étant parfaitement découvert, je mesure la distance BC que je trouve de 37 mètres. D'où il résulte que la ligne AB a 37 mètres de longueur.

Autre procédé (fig. 64).

Du point B j'élève la perpendiculaire C d'une longueur quelconque, que je partage en deux parties égales; du point C j'élève une autre perpendiculaire droite jusqu'à la rencontre de la ligne AE prolongée indéfiniment, et la distance CD est égale à la distance AB.

Autre procédé (fig. 65).

J'élève la perpendiculaire BC sur laquelle j'en élève une autre en un point quelconque D; je mesure les distances CD et DE après avoir mesuré celle BC, puis je fais cette proportion : DC : DE :: BC : BA.

Ainsi DC ou 12,50 : DE ou 16,50 :: BC ou 35 : BA ou x; d'où x = 46 mètres 20 = la longueur de la ligne AB.

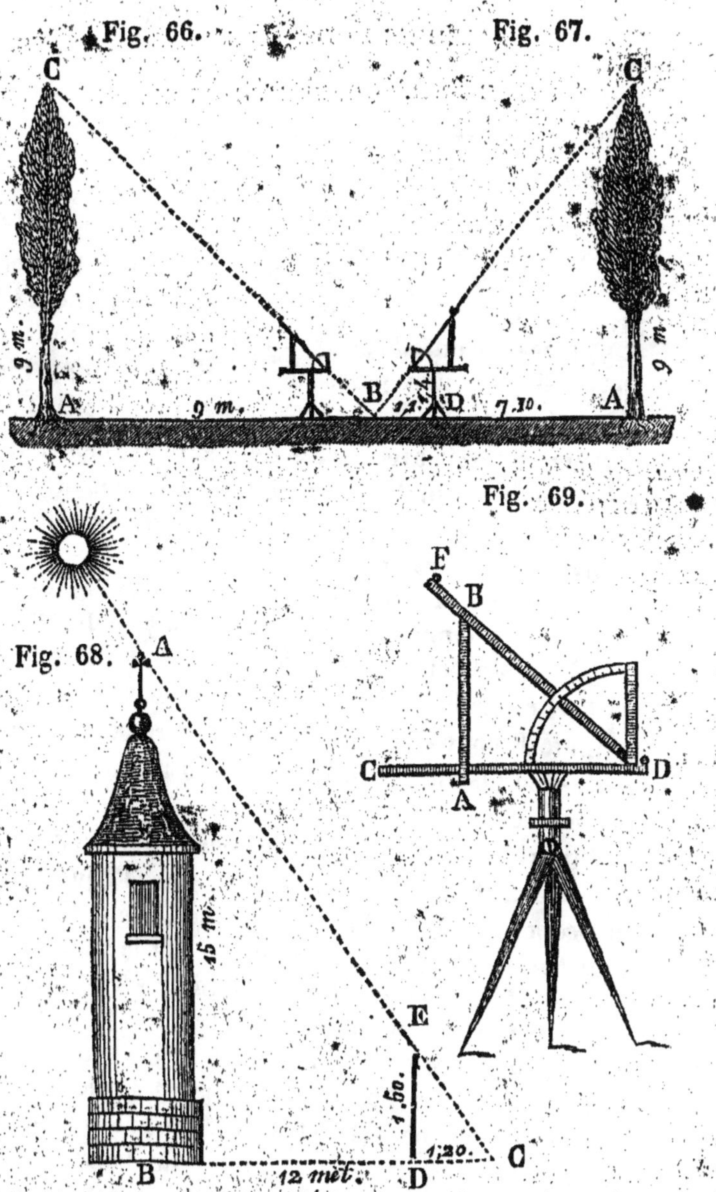

L'ombre de l'édifice ou BC = 12 mètres; l'ombre du bâton ou DC = 1m,20, et la long. du bâton 1 m. 50.

Opération. 1m,20 : 1m,50 :: 12 : x = 15 mètres ou BA.

DE LA MESURE DES HAUTEURS.

Equerre-rapporteur.

99. *Qu'est-ce que l'équerre-rapporteur ?*

C'est une équerre à jour (*fig.* 68) dont la branche AB est mobile et peut se glisser de A en C et de A en D ; la branche opposée DE est fixée en D au moyen d'une charnière qui permet d'abaisser ou d'élever cette partie de l'instrument. Les degrés du quart de cercle qui y est adapté indiquent la grandeur des angles. A chacune des extrémités D, E est placée une petite plaque de cuivre percée d'un petit trou pour la direction des rayons visuels.

Pour se servir avec succès de cet instrument, il faut avoir soin de le tenir toujours fixé à terre bien verticalement.

12e Problème. *Trouver, au moyen de cette équerre, la hauteur de l'arbre* (*fig.* 66).

Je fais avec l'équerre un angle de 45 degrés ; je cherche à découvrir la cime C de l'arbre au moyen des deux pinnules D E, et pour cela j'avance ou je recule l'instrument ; la cime de l'arbre étant parfaitement découverte, je place l'œil à la pinnule E pour continuer jusqu'à terre la ligne ou rayon visuel, et la distance AB, qui est de 9 mètres, égale la hauteur demandée.

S'il arrivait qu'on ne pût former un angle de 45 degrés, on emploierait le procédé suivant : je place l'équerre en un point quelconque D (*fig.* 67), et je forme l'angle CAB ; puis je fais cette proportion : DB, ou 1 mètre 10 : la hauteur de l'instrument ou 1 mètre 40 :: AB, ou 7 mètres 10 : à la hauteur AC, ou x; d'où $x = 9$ mètres.

On peut encore trouver la hauteur d'un arbre ou d'un édifice au moyen de l'ombre, en plaçant sur le terrain un bâton planté verticalement et en faisant cette proportion : l'ombre que projette le bâton est à la hauteur du bâton même, comme l'ombre que projette l'édifice est à la hauteur demandée.

Ainsi pour avoir la hauteur de l'édifice (*fig.* 69), je fais cette proportion : CD : DE :: BC : BA. (Voir l'opération).

Fig. 70.

Fig. 70 bis.

Fig. 71.

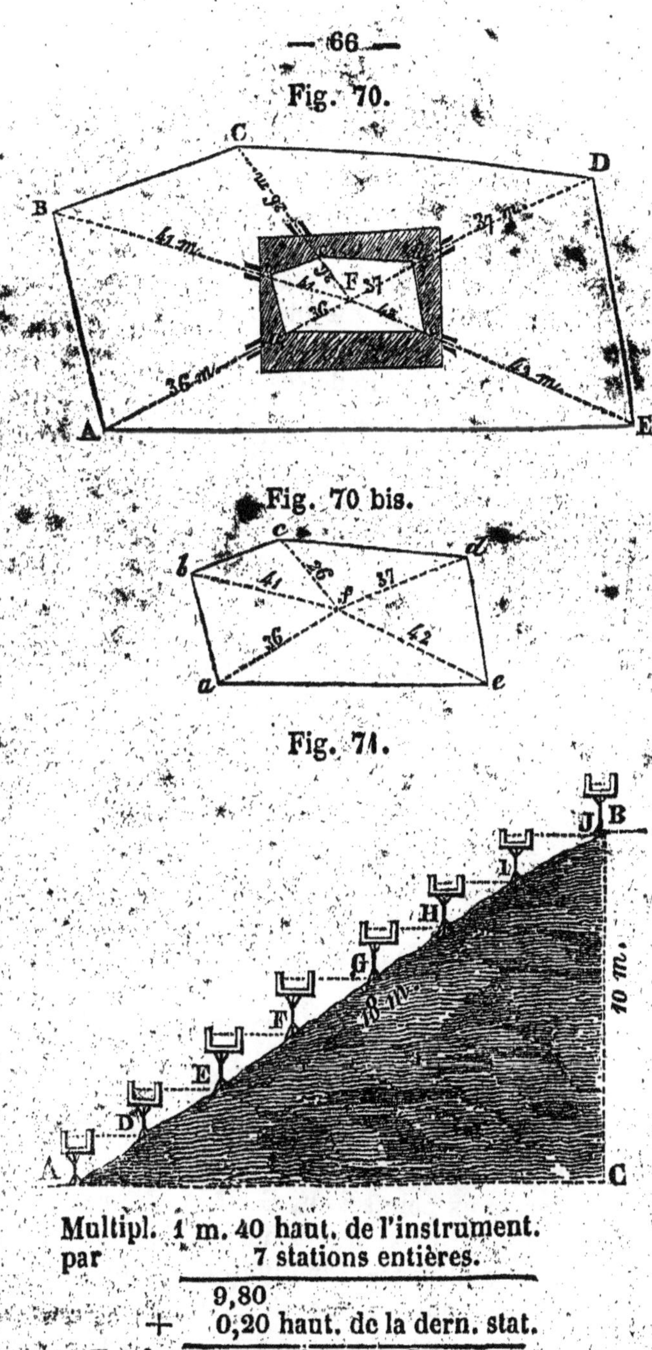

Multipl. 1 m. 40 haut. de l'instrument.
par 7 stations entières.

	9,80
+	0,20 haut. de la dern. stat.
Total	10m,00 hauteur BC.

DE LA LEVÉE DES PLANS.

100. *Qu'est-ce que lever un plan ?*

Lever un plan, c'est dessiner sur le papier une figure semblable à celle que l'on veut représenter.

13e Problème. *Lever le plan de la fig. 70.*

Solution. Je me place avec la planchette (*fig.* 14) dans un endroit où je puisse découvrir tous les angles de la figure proposée. Sur chacun de ces angles je plante un jalon. Du point F je dirige des rayons visuels, au moyen des pinnules de l'alidade adaptée à la planchette, vers chacun des angles A, B, C, D, E ; je mesure avec la chaîne les distances FA = 36 mèt., FB = 41 mèt., FC = 26 mèt., FD = 37 mèt. et FE = 42 mètres ; je prends sur l'échelle de proportion chacune de ces longueurs que je porte sur la feuille de papier collée aux quatre coins sur la planchette et destinée à recevoir le plan ; je joins les points *ab*, *bc*, *cd*, *de*, *ea*, et l'opération est terminée.

Nota. Si l'on voulait avoir le plan plus développé, comme la *fig.* 70 *bis*, on prendrait une échelle plus grande.

DU NIVELLEMENT.

101. *Qu'appelle-t-on niveler ?*

Niveler, c'est déterminer les distances verticales des niveaux de deux ou plusieurs points donnés, c'est-à-dire les hauteurs relatives de points qui ne sont pas situés sur la même ligne verticale.

14e Problème. *Déterminer la différence du niveau des deux points AB (fig. 71).*

Solution. Je place au point A le niveau d'eau (*fig.* 16), qui a 1 mètre 40 centimètres de hauteur ; je marque le point D où aboutit le rayon visuel ; je transporte successivement l'instrument aux points E, F, G, H, I, J, auxquels se rapportent les rayons visuels ; il y a huit stations dont la dernière n'a que 0,20 centimètres ; la différence de niveau des deux points AB est par conséquent égale à sept fois la hauteur de l'instrument, plus 0 mètre 20 centimètres, c'est-à-dire 1,40 × 7 plus 0,20 = 10 mètres = la hauteur BC.

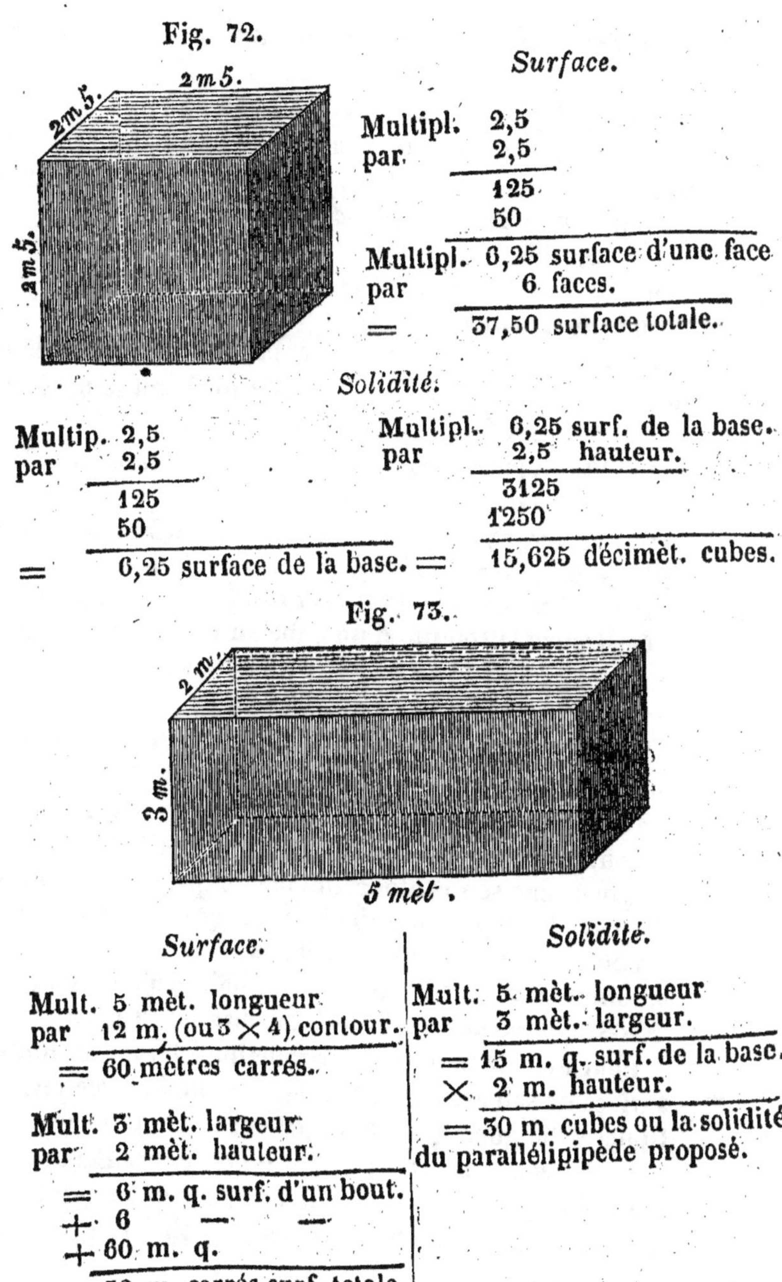

Fig. 72.

Surface.

Multipl. 2,5
par 2,5
125
50
Multipl. 6,25 surface d'une face
par 6 faces.
= 37,50 surface totale.

Solidité.

Multip. 2,5
par 2,5
125
50
= 6,25 surface de la base.

Multipl. 6,25 surf. de la base.
par 2,5 hauteur.
3125
1250
= 15,625 décimèt. cubes.

Fig. 73.

Surface.

Mult. 5 mèt. longueur
par 12 m. (ou 3 × 4) contour.
= 60 mètres carrés.

Mult. 3 mèt. largeur
par 2 mèt. hauteur.
= 6 m. q. surf. d'un bout.
+ 6 — —
+ 60 m. q.
= 72 m. carrés surf. totale.

Solidité.

Mult. 5 mèt. longueur
par 3 mèt. largeur.
= 15 m. q. surf. de la base.
× 2 m. hauteur.
= 30 m. cubes ou la solidité du parallélipipède proposé.

DÉFINITION ET MESURE DES SOLIDES OU VOLUMES.

102. *Qu'appelle-t-on solides ou volumes ?*

On appelle solides ou volumes les corps qui réunissent les trois dimensions de l'étendue : longueur, largeur et épaisseur.

103. *Qu'est-ce qu'un cube ?*

Un cube (*fig.* 72) est un solide terminé par six faces qui sont des carrés égaux. Un dé à jouer est un cube.

104. *Comment trouve-t-on la surface d'un cube ?*

Pour avoir la surface d'un cube, il faut multiplier la longueur de l'une de ses faces par elle-même et le produit par 6, puisque les six faces sont des carrés égaux.

15ᵉ PROBLÈME. *Trouver la surface du cube (fig. 72), dont chaque arête a 2 m. 5 de longueur.*

SOLUTION. 2,5 × 2,5 = 6,25 = la surface de l'une des six faces × 6 faces = 37 m. q. 50 = la surface du cube proposé.

105. *Comment trouve-t-on la solidité d'un cube ?*

On trouve la solidité d'un cube en multipliant la surface de sa base par sa hauteur. (Voir l'opération ci-contre.)

106. *Qu'appelle-t-on parallélipipède ?*

On appelle parallélipipède un cube allongé (*fig.* 73). Un coffre est la figure d'un parallélipipède.

107. *Comment obtient-on la surface du parallélipipède ?*

Pour avoir la surface du parallélipipède, il faut multiplier sa longueur par son contour, qui forme quatre rectangles égaux; chercher la surface des deux bouts qui forment ou deux carrés ou deux rectangles aussi égaux, et réunir les produits dont la somme sera la surface du parallélipipède proposé.

108. *Comment trouve-t-on la solidité du parallélipipède ?*

Pour avoir la solidité du parallélipipède, il faut multiplier la surface de sa base par sa hauteur, ou en d'autres termes, multiplier sa longueur par sa largeur et le produit par sa hauteur.

16ᵉ PROBLÈME. *Trouver la surface et ensuite la solidité du parallélipipède fig. 73, ayant 5 mètres de longueur, 3 mètres de largeur et 2 mètres de hauteur.* (Voir les opérations.)

Fig. 74.

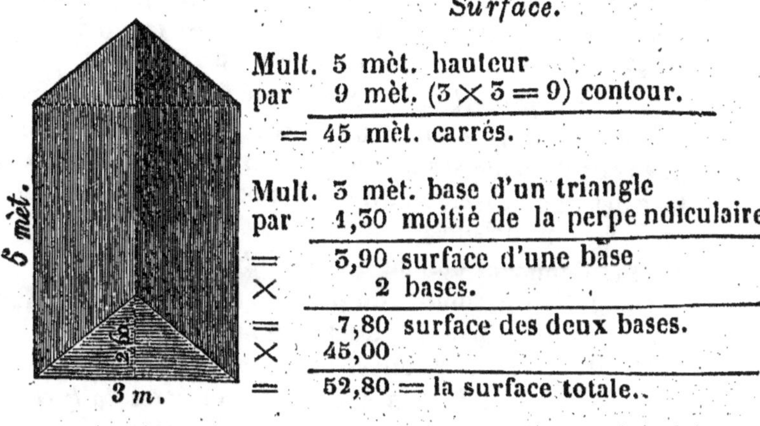

Surface.

Mult. 5 mèt. hauteur
par 9 mèt. (3 × 3 = 9) contour.
= 45 mèt. carrés.

Mult. 3 mèt. base d'un triangle
par 1,30 moitié de la perpendiculaire
= 3,90 surface d'une base
× 2 bases.
= 7,80 surface des deux bases.
× 45,00
= 52,80 = la surface totale..

Solidité.

3 m. q. 90, surface de l'une des bases × 5 m. de hauteur = 19 mèt. c. 5 dixièmes = la solidité du prisme proposé.

Fig. 75.

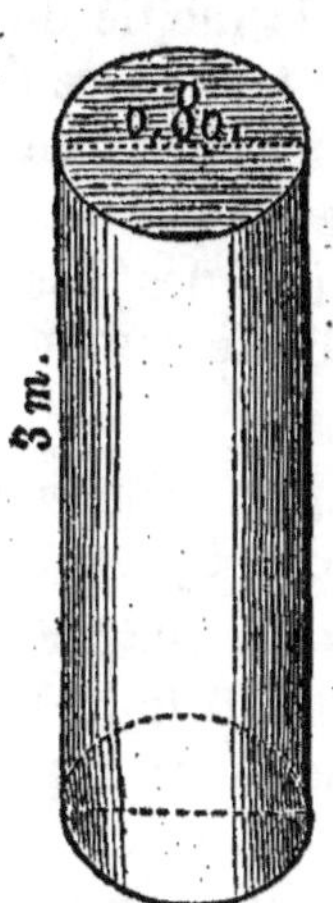

Surface.

7 : 22 : : 0,80 : x = 2 m. 5143 circonférence.
Multipl. 2,5143 circonférence
par 0,20 quart du diamètre.
= 0,502860 mill. q. surface d'une base.
× 2 bases.
= 1,005720 surface des deux bases.

Multipl. 2 m. 5143 circonférence
par 3 mèt. de hauteur.
= 7,5429
+ 1,0057
= 8,5486 cent. q. surface totale.

Solidité.

Multipl. 0,502860 surface de la base
par 3 mèt. de hauteur.
= 1,508580 centimètres cubes pour réponse.

109. *Qu'est-ce qu'un prisme?*

Un prisme (*fig.* 74) est une solide dont les deux bases opposées sont égales et parallèles, et qui est compris sous autant de parallélogrammes que chaque base a de côtés.

110. *Que faut-il faire pour avoir la surface du prisme?*

Pour avoir la surface du prisme, il faut multiplier la longueur de l'une de ses arêtes par son contour, chercher la surface des deux bases, additioner les produits dont la somme sera la surface du prisme proposé.

111. *Comment obtient-on la solidité du prisme?*

On obtient la solidité du prisme en multipliant la surface de l'une des bases par la hauteur du prisme.

17e PROBLÈME. *Trouver la surface et ensuite la solidité du prisme (fig.* 74), *dont la hauteur est* 5 *mètres, la largeur* 3 *mètres, et la longueur de la perpendiculaire du triangle* équilatéral *qui lui sert de base,* 2 *mètres* 60 *centimètres.*

SOLUTION. *Surface.* Le triangle qui sert de base étant équilatéral, les trois parallélogrammes de ce prisme ont chacun 3 m. de largeur, ensemble 9 mèt. que je multiplie par la hauteur 5 mèt. = 45 m. q. La surface des deux bases est égale au double produit de la base d'un des triangles par la moitié de sa perpendiculaire, ou à 3 × 1,30 × 2 = 7,80 = la surface des deux bases, que j'additionne avec 45 m. q. surface des trois parallélogr., et le total 52 m. q. 80 = la surface du prisme proposé.

Solidité. Je multiplie la surface de l'une des bases par la hauteur, et le produit 19 m. c. 5 = la solidité demandée.

112. *Qu'est-ce qu'un cylindre?*

Un cylindre (*fig.* 75), vulgairement appelé rouleau, est un solide dont les deux bases sont des cercles égaux.

113. *Comment obtient-on la surface du cylindre?*

Pour avoir la surface du cylindre, il faut multiplier la hauteur du cylindre par son contour, et ajouter au produit la surface des cercles qui forment les deux bases.

114. *Comment obtient-on la solidité du cylindre?*

Pour avoir la solidité du cylindre, il faut multiplier la surface de sa base par sa hauteur.

18e PROBLÈME. *Trouver la surface et ensuite la solidité du cylindre fig.* 75, *ayant* 3 *mètres de hauteur et* 0 *m.* 80 *centimètres de diamètre.* (Voir les opérations.)

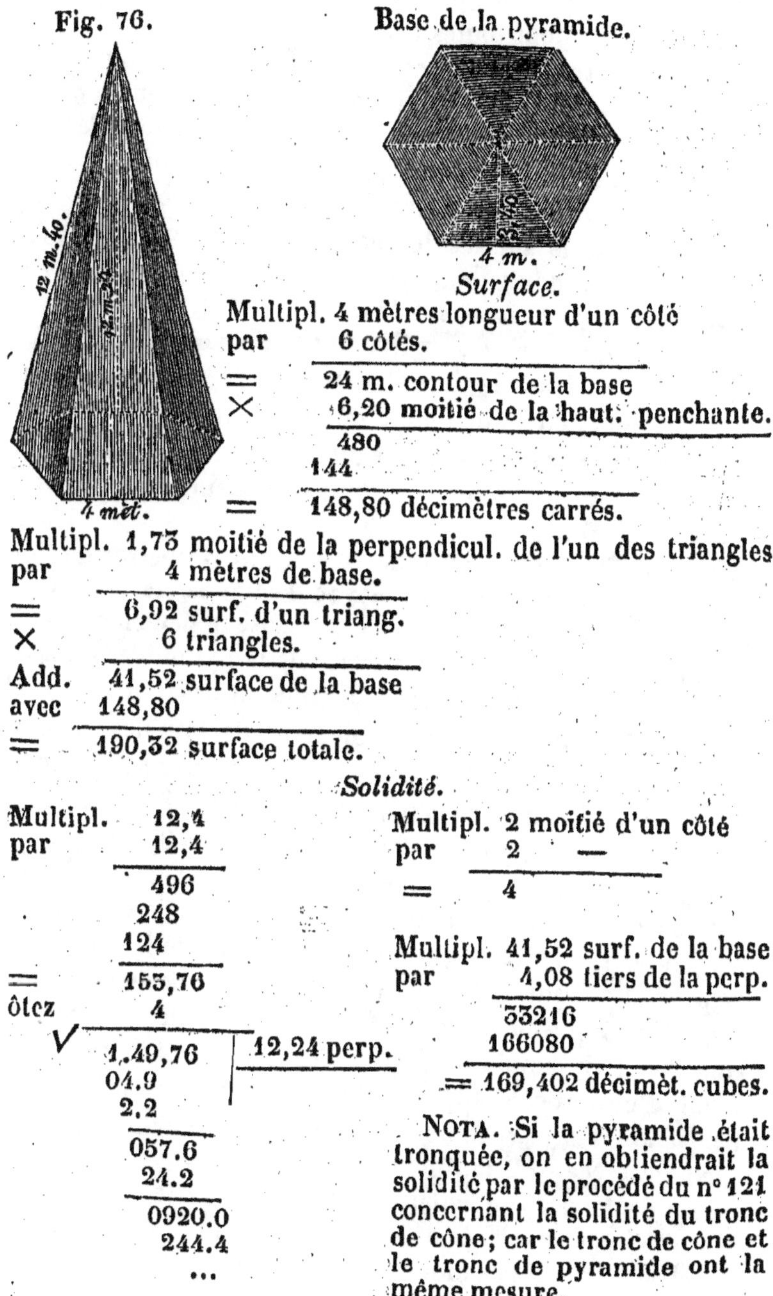

Fig. 76. Base de la pyramide.

Surface.

Multipl. 4 mètres longueur d'un côté
par 6 côtés.
= 24 m. contour de la base
× 6,20 moitié de la haut. penchante.
480
144
= 148,80 décimètres carrés.

Multipl. 1,73 moitié de la perpendicul. de l'un des triangles
par 4 mètres de base.
= 6,92 surf. d'un triang.
× 6 triangles.
Add. 41,52 surface de la base
avec 148,80
= 190,32 surface totale.

Solidité.

Multipl. 12,4
par 12,4
496
248
124
= 153,76
ôtez 4
√ 1.49,76 | 12,24 perp.
04.9
2.2
057.6
24.2
0920.0
244.4
...

Multipl. 2 moitié d'un côté
par 2 —
= 4

Multipl. 41,52 surf. de la base
par 4,08 tiers de la perp.
33216
166080
= 169,402 décimèt. cubes.

Nota. Si la pyramide était tronquée, on en obtiendrait la solidité par le procédé du n° 121 concernant la solidité du tronc de cône; car le tronc de cône et le tronc de pyramide ont la même mesure.

115. *Qu'est-ce qu'une pyramide?*

C'est un solide dont toutes les faces sont des triangles ayant leurs sommets réunis en un même point appelé le sommet de la pyramide, dont la base est un polygone quelconque (*fig.* 76).

116. *Comment trouve-t-on la surface d'une pyramide?*

Si la pyramide est régulière, on multiplie le contour de sa base par la moitié de la hauteur penchante; si elle est irrégulière, on trouve la surface de chaque triangle séparément, et l'on réunit les produits auxquels on ajoute, dans l'un et l'autre cas, la surface de la base, si elle est demandée.

117. *Comment trouve-t-on la solidité d'une pyramide?*

La pyramide étant le tiers d'un prisme de même base et de même hauteur, on en obtient la solidité en multipliant la surface de sa base par le tiers de sa hauteur perpendiculaire droite.

19e PROBLÈME. *Trouver la surface et ensuite la solidité de la pyramide hexagonale* (*fig.* 76).

SOLUTION. *Surface.* Chaque côté ayant 4 mètres de longueur, le contour de la base = 4 × 6 côtés = 24 mètres que je multiplie par 6,20, moitié de la hauteur penchante, et le produit 148 m. q. 80 = la surface de la pyramide proposée. Mais je veux y comprendre la surface de la base; alors je multiplie 1,73, moitié de la perpendiculaire de l'un des triangles, par sa base 4 mètres, et le produit par 6, nombre de triangles que comprend la base de la pyramide. Le produit 41 m. q. 52 = la surface de la base que j'additionne avec 148,80; j'ai ainsi, pour la surface totale de la pyramide, 190,32 décimètres carrés.

Solidité. Pour avoir la solidité, il faut que je connaisse la perpendiculaire droite qui tombe au centre de la base; mais ne pouvant mesurer cette perpendiculaire, je la trouve par le procédé indiqué au no 94, c'est-à-dire que j'élève au carré le côté de la pyramide ou 12,40; j'en retranche le carré de la moitié d'un des côtés des triangles équilatéraux (car la hauteur penchante et la perpendiculaire forment un angle droit), et la racine carrée du restant de la soustraction = 12,24 = la longueur de la perpendiculaire, dont je prends le tiers que je multiplie par la surface de la base, et le produit 169,402 décimètres cubes = la solidité de la pyramide proposée.

Fig. 77.

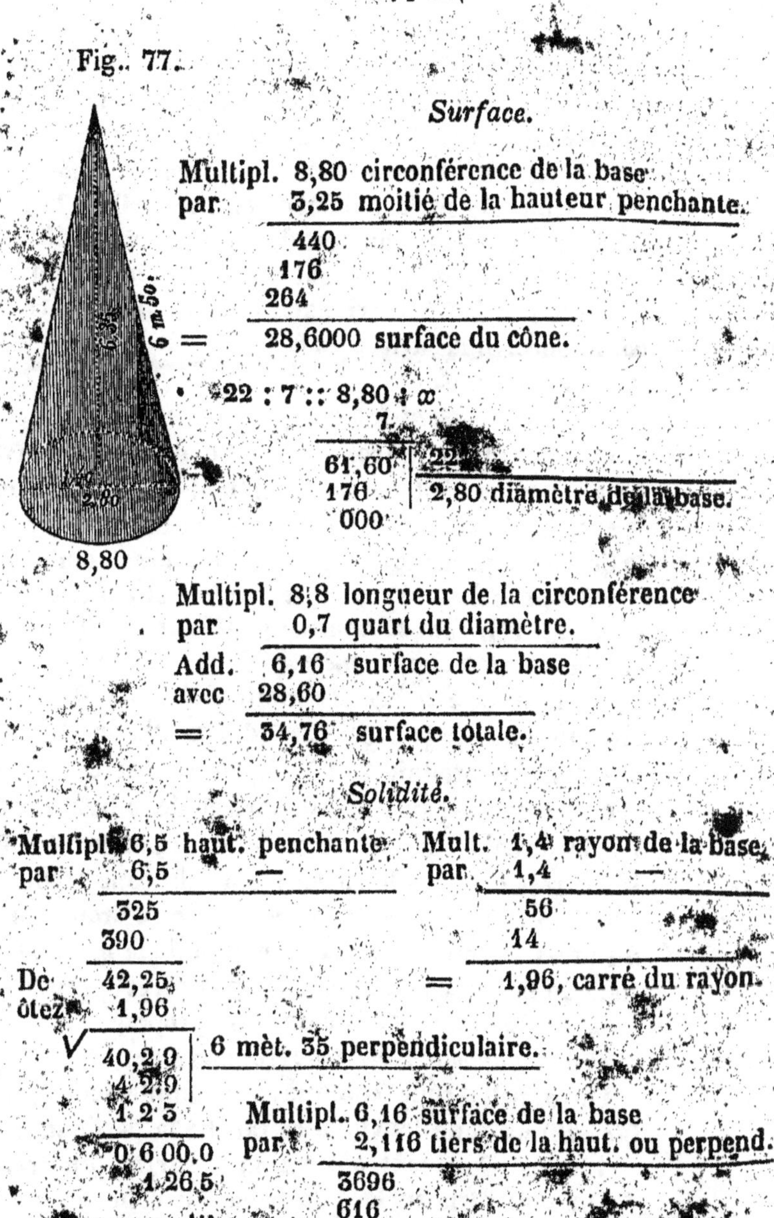

Surface.

Multipl. 8,80 circonférence de la base
par 3,25 moitié de la hauteur penchante.

440
176
264

= 28,6000 surface du cône.

22 : 7 :: 8,80 : x
7

61,60 | 22
176 | 2,80 diamètre de la base.
000

Multipl. 8,8 longueur de la circonférence
par 0,7 quart du diamètre.

Add. 6,16 surface de la base
avec 28,60

= 34,76 surface totale.

Solidité.

Mulfipl. 6,5 haut. penchante
par 6,5

325
390

De 42,25
ôtez 1,96

$\sqrt{}$ 40,2 9 | 6 mèt. 35 perpendiculaire.
4 2.9
1 2 3
0 6 00.0
1.26.5

Mult. 1,4 rayon de la base
par 1,4

56
14

= 1,96, carré du rayon.

Multipl. 6,16 surface de la base
par 2,116 tiers de la haut. ou perpend.

3696
616
616
1232

= 13,03456, solidité demandée.

118. *Qu'est-ce qu'un cône ?*

Un cône (*fig.* 77) est un solide qui a un cercle pour base et dont toutes les lignes aboutissent en un même point appelé sommet. Un pain de sucre est un cône.

119. *Comment trouve-t-on la surface du cône?*

On trouve la surface du cône en multipliant la longueur de la circonférence qui lui sert de base par la moitié de sa hauteur penchante ; car un cône peut être considéré comme étant composé d'une infinité de triangles dont les bases forment la circonférence. Si la surface de la base était demandée, on l'ajouterait au produit.

119 *bis. Comment trouve-t-on la solidité du cône?*

Le cône étant la trosième partie du cylindre ayant même base et même hauteur, on en obtient la solidité en multipliant la surface de sa base par le tiers de sa hauteur, c'est-à-dire par le tiers de la perpendiculaire qui du sommet tombe sur la base.

20e Problème. *Trouver la surface et ensuite la solidité du cône (fig. 77), dont la hauteur penchante est 6 m. 50 et la circonférence de sa base 8 mètres 80.*

Solution. *Surface.* Je multiplie 8 m. 80, longueur de la circonférence de la base, par 3,25, moitié de la hauteur penchante, et le produit 28,60 décimètres carrés = la surface du cône à laquelle j'ajoute 6,16, surface de la base que j'ai trouvée par les procédés des nos 76 et 78, et le nombre 34, 76 décimètres carrés exprime la surface totale du cône proposé.

Solidité. Je trouve la perpendiculaire droite par le procédé du no 94. Je multiplie 6,16, surface de la base, par 2 m. 116, tiers de la hauteur ou perpendiculaire, et le produit 13 mètres cubes 03456 = la solidité du cône proposé.

120. *Qu'appelle-t-on cône tronqué?*

On appelle cône tronqué, ou simplement tronc de cône (*fig.* 78) un cône dont on a retranché la partie supérieure.

120 *bis. Comment obtient-on la surface du tronc de cône?*

On obtient la surface du tronc du cône en multipliant la demi-somme des deux circonférences par la hauteur penchante du tronc. Si la surface de chaque base était demandée, on l'ajouterait au produit.

Fig. 78.

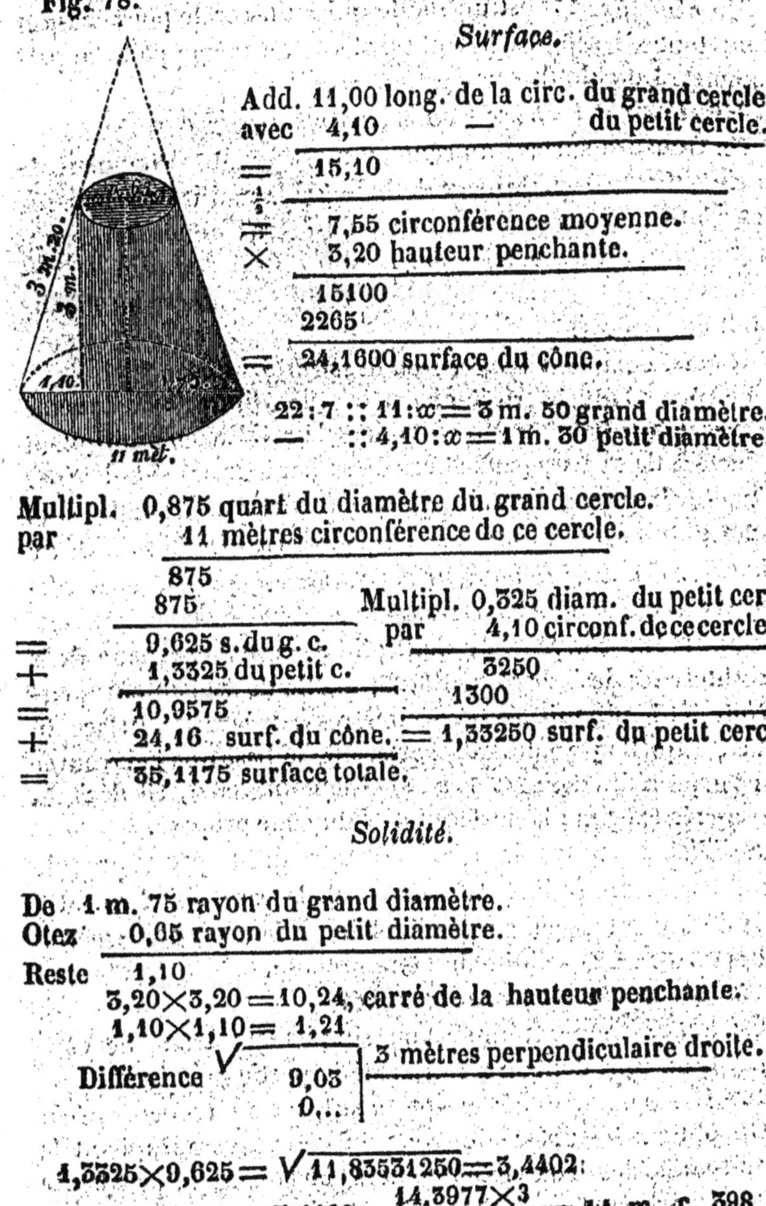

Surface.

Add. 11,00 long. de la circ. du grand cercle
avec 4,10 — du petit cercle.
= 15,10
$\frac{1}{2}$ = 7,55 circonférence moyenne.
× 3,20 hauteur penchante.
15100
2265
= 24,1600 surface du cône.

22 : 7 :: 11 : x = 3 m. 50 grand diamètre.
— :: 4,10 : x = 1 m. 30 petit diamètre.

Multipl. 0,875 quart du diamètre du grand cercle.
par 11 mètres circonférence de ce cercle.
875
875
= 9,625 s. du g. c.
+ 1,3325 du petit c.
= 10,9575
+ 24,16 surf. du cône.
= 35,1175 surface totale.

Multipl. 0,325 diam. du petit cer.
par 4,10 circonf. de ce cercle.
3250
1300
= 1,33250 surf. du petit cerc.

Solidité.

De 1 m. 75 rayon du grand diamètre.
Otez 0,65 rayon du petit diamètre.
Reste 1,10
3,20×3,20 = 10,24, carré de la hauteur penchante.
1,10×1,10 = 1,21
Différence $\sqrt{9,03}$ 0,.. | 3 mètres perpendiculaire droite.

$1,3325 \times 9,625 = \sqrt{11,83531250} = 3,4402;$

$1,3325 + 9,625 + 3,4402 = \frac{14,3977 \times 3}{3} =$ 14 m. c. 398 à moins d'un décimètre cube près.

121. *Que faut-il faire pour avoir le volume du tronc de cône?*

Pour avoir le volume du tronc de cône, il faut additionner les surfaces des deux bases avec la surface proportionnelle entre ces deux bases, et multiplier leur somme par le tiers de la hauteur ou perpendiculaire droite.

Remarque. Pour avoir la surface de la base proportionnelle, on multiplie les surfaces des deux bases l'une par l'autre, et du produit on extrait la racine carrée qui est la moyenne proportionnelle entre ces deux bases.

21e Problème. *Trouver la surface et ensuite la solidité du cône tronqué (fig. 78), la hauteur penchante étant 3 mètres 20, et les cercles qui servent de base ayant l'un 11 mètres et l'autre 4,10 de circonférence.*

Solution. *Surface.* J'additionne la longueur des deux circonférences et je prends la moitié de leur somme que je multiplie par 3,20, hauteur penchante ; le produit 24 m. q. 16 égale la surface du cône à laquelle je veux joindre la surface des deux bases.

La surface du grand cercle est de 9,625, et celle du petit est de 1,3325 ; j'additionne ces deux surfaces avec 24,16, et le total 35,1175 centimètres carrés = la surface totale du cône proposé.

Solidité. Ne pouvant mesurer la perpendiculaire droite tombant sur le centre de la base, ni suivre en tout point la méthode du problème précédent, puisqu'ici le cône est tronqué, je retranche le rayon du petit cercle, ou 0 m. 65 de 1,75, rayon du grand cercle ; il reste 1 m. 10 cent. pour la longueur de la base d'un triangle rectangle ayant pour hypothénuse le côté ou la hauteur penchante du cône. Je puis alors faire l'application du principe du no 94. J'élève au carré 3,20, hauteur penchante du cône, et du produit 10,24 je retranche le carré de la base du triangle rectangle ; il reste 9 mètres carrés dont j'extrais la racine carrée qui est 3 mètres ou la perpendiculaire droite.

Ensuite je cherche la moyenne porportionnelle entre les surfaces des deux bases ; elle est de 3 m. q. 4402 que j'ajoute aux deux autres ; leur somme est 14,3977 que je multiplie par le tiers de la hauteur, et je trouve le volume de ce tronc égal à 14 mèt. c. 398.

Nota. Ici le tiers de la hauteur étant l'unité, cette dernière opération serait superflue.

Comme il arrive très-souvent qu'on ne peut prendre le tiers de la hauteur exactement, on multiplie d'abord par celle-ci, et on divise le produit par 3.

Fig. 79.

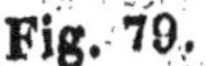

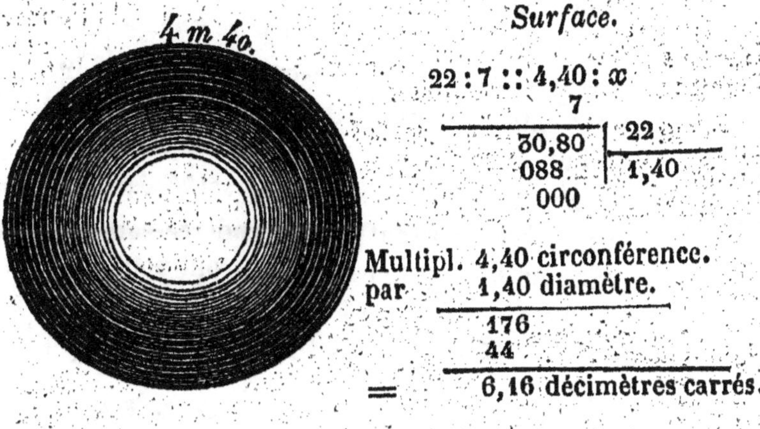

Surface.

22 : 7 :: 4,40 : x
7

30,80 | 22
088 | 1,40
000

Multipl. 4,40 circonférence.
par 1,40 diamètre.

176
44

= 6,16 décimètres carrés.

Solidité.

Multipliez 6,16 surface.
par 0,7 rayon.

= 4,312 | 3
13 | 1,437333 volume.
11
22
10
10
10
1

Opération.

7 : 22 :: 0,36 : x
22

72
72

Divisez 7,92 | 7
0 9 | 1,13 circonf.
2 2
1

Multipl. 1,13 circonférence.
par 0,36 diamètre.

678
339

= 0,4068 surface.
×... 0,06 tiers du rayon.
= 0,024408 volume.

122. *Qu'est-ce que la sphère?*

La sphère (*fig.* 79) est un solide dont tous les points de la surface sont également éloignés d'un point intérieur que l'on appelle centre. On peut s'en faire une idée par une boule.

123. *Comment trouve-t-on la surface de la sphère?*

On obtient la surface de la sphère en multipliant la longueur de l'un de ses grands cercles par son diamètre.

124. *Comment obtient-on la solidité de la sphère?*

La sphère pouvant être considérée comme étant composée d'une infinité de pyramides qui ont pour base la surface de la sphère, et dont tous les sommets sont réunis au centre, on en obtient la solidité en multipliant la surface par le tiers de son rayon.

22e PROBLÈME. *Trouver la surface et ensuite la solidité de la sphère* (*fig.* 79), *dont le plus grand cercle a 4 mètres 40 centimètres de circonférence.*

SOLUTION. *Surface.* Je trouve le diamètre du plus grand cercle d'après le principe du no. 78; il est de 1 m. 40. Je multiplie la circonférence par le diamètre, et le produit 6,16 décimètres carrés égale la surface demandée.

SOLIDITÉ. Je multiplie la surface 6,16 par le rayon 0 mèt. 7, je divise le produit 4,312 par 3, et le quotient 1 m. c. 437333 centimètres cubes égale le volume de la sphère proposée.

APPLICATION.

Déterminer la capacité d'un globe ayant 0 m. 36 de diamètre intérieurement.

Je cherche la circonférence du plus grand cercle ; elle est de 1 m. 13 que je multiplie par le diamètre, et le produit 0 m. q. 4068 égale la surface que je multiplie par 0 m. 06, tiers du rayon, et j'obtiens pour volume 24 décimètres cubes 408.

Le litre étant la capacité d'un décimètre cube, 24 décimètres cubes 41 = 24 litres 41 centilitres = la capacité du globe proposé. (Voir notre arithmétique no 78.)

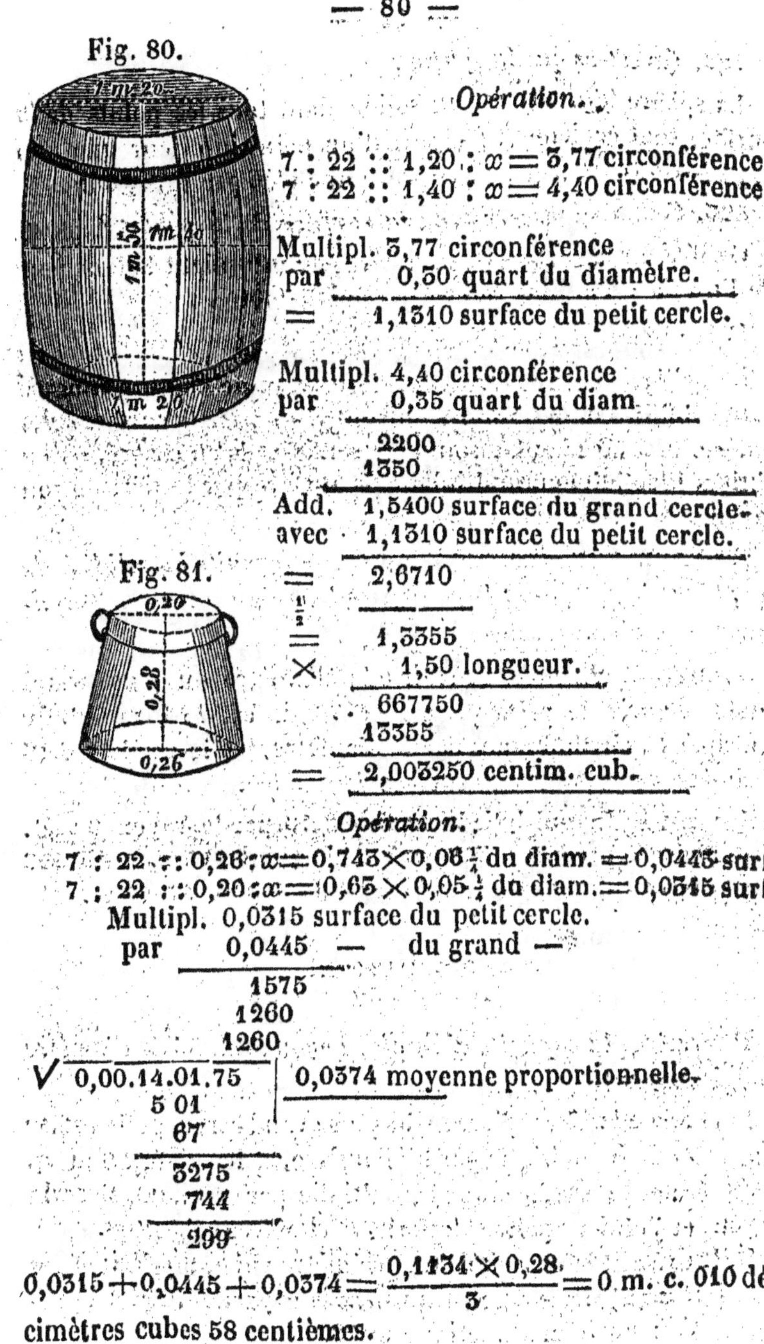

Fig. 80.

Opération.

7 : 22 :: 1,20 : x = 3,77 circonférence.
7 : 22 :: 1,40 : x = 4,40 circonférence.

Multipl. 3,77 circonférence
par 0,30 quart du diamètre.
= 1,1310 surface du petit cercle.

Multipl. 4,40 circonférence
par 0,35 quart du diam.

2200
1350

Add. 1,5400 surface du grand cercle.
avec 1,1310 surface du petit cercle.
= 2,6710
$\frac{1}{2}$
= 1,3355
× 1,50 longueur.

667750
13355

= 2,003250 centim. cub.

Fig. 81.

Opération.

7 : 22 :: 0,26 : x = 0,743 × 0,06 $\frac{1}{4}$ du diam. = 0,0445 surf.
7 : 22 :: 0,20 : x = 0,63 × 0,05 $\frac{1}{4}$ du diam. = 0,0315 surf.

Multipl. 0,0315 surface du petit cercle.
par 0,0445 — du grand —

1575
1260
1260

$\sqrt{}$ 0,00.14.01.75 | 0,0374 moyenne proportionnelle.
5 01
67

3275
744

299

0,0315 + 0,0445 + 0,0374 = $\frac{0,1134 \times 0,28}{3}$ = 0 m. c. 010 décimètres cubes 58 centièmes.

DE LA MESURE DES FUTAILLES.

124 *bis. Quelle est la mesure des tonneaux?*

Les tonneaux ont pour mesure le produit de leur longueur intérieure par la moitié de la somme des surfaces du bouge et de l'un des fonds (1).

23e **Problème.** *Déterminer la capacité du tonneau (fig. 80), ayant 1 mètre 50 de longueur, et dont le diamètre de chaque bout est 1 mètre 20 centimètres, et celui du bouge 1 mètre 40.*

Solution. Je cherche la surface du cercle de l'un des bouts et celle du cercle du bouge; je les additionne ensemble, et je prends la moitié de leur somme que je multiplie par la longueur du tonneau; le produit 2,003250 = 2003 décimètres cubes 25. Or, le litre étant la capacité d'un décimètre cube, la capacité de ce tonneau est donc égale à 2003 litres 25 centilitres. La capacité d'une cuve, d'une feuillette, etc., s'obtient de la même manière.

Remarque. Les dimensions doivent être prises dans l'intérieur de la futaille et avec la plus scrupuleuse exactitude.

24e **Problème.** *Déterminer la capacité du seau (fig. 81), ayant 0 mètre 28 centimètres de hauteur, le diamètre de la base inférieure étant de 0 mètre 26 centimètres, et celui de la base supérieure de 0 mètre 20 centimètres.*

Solution. Ce seau ayant la figure d'un tronc de cône, en a par conséquent la mesure (n° 121). Or, je cherche la surface des deux bases; celle du grand cercle est de 0,0445 centimètres carrés; celle du petit cercle est de 0,0315 centimètres carrés; je multiplie l'une par l'autre; leur produit est 0,00140175 dont la racine carrée égale 0 m. q. 0374 ou la moyenne proportionnelle que j'ajoute aux surfaces des deux bases; leur somme est 0 m. q. 1134 que je multiplie par la hauteur 0 m. 28, et le produit 0,031752 divisé par 3 égale le volume ou 0,010 décimètres cubes 58. La capacité de ce seau est donc égale à 10 litres 58 centilitres.

(1) Un tonneau peut être considéré comme composé de deux troncs de cônes joints ensemble; on peut donc encore calculer la capacité d'une futaille d'après le procédé du n° 121; mais en raison de la courbure des douves, on trouve un résultat un peu trop faible. Cependant, c'est d'après ce procédé que nous avons résolu les 18e, 19e et 20e problèmes servant d'application à la fin de cet ouvrage.

Fig. 82.

0,30.

7 mèt.

0,40.

Opération.

Multipl. 0,40 équarrissage du gros bout
par 0,40 — —
= 0,1600 surface du gros bout.

Multipl. 0,30 équarrissage du petit bout
par 0,30 — —
Add. 0,0900 surface du petit bout
avec 0,16 surface du gros bout.
= 0,25 surface des deux bouts.
$\frac{1}{2}$
= 0,125
× 7 mèt. de longueur.
= 0,875 décimètres cubes, volume cherché.
× 27 pieds cubes.
6125
1750
= 23,625 = 23 pieds cubes 63 centièmes.

Fig. 83.

9 m 80.

0,50 0,40

Opération.

Multipl. 0,50 équarrissage du grand côté
par 0,40 équarrissage du petit côté.
Multipl. 0,2000 surface de l'un des bouts
par 9,8 de longueur.
= 1,960 décimètres cubes, volume cherché.
× 27 pieds cubes.
1372
392
= 52,920 = 52 pieds cubes 92 centièmes.

Observation. Quand un bois équarri a ses bases inégales, comme la figure 82, il représente un tronc de pyramide quadrangulaire ; il en a par conséquent la mesure qui est la même que celle du tronc de cône (n° 121).

Le procédé que nous employons ici donne un résultat un peu plus fort ; mais il est plus simple et généralement suivi. Nous employons un procédé semblable pour les bois ronds à bases inégales, qui sont soumis à la mesure des troncs de cônes dont ils ont la figure.

DE LA MESURE DES BOIS ÉQUARRIS.

125. *Que faut-il faire pour avoir le volume d'une pièce de bois équarri?*

Il faut multiplier la moitié de la somme de la surface des deux bouts par la longueur de la pièce proposée, et le produit sera le volume cherché,

25ᵉ PROBLÈME. *Déterminer le volume de la poutre (fig. 82), ayant 7 mètres de longueur sur 0 m. 40 centimètres d'équarrissage à un bout, et 0 m. 30 centimètres à l'autre bout.*

SOLUTION. Je multiplie l'équarrissage du gros bout par lui-même, et j'ai pour surface 0,16 décimètres carrés. Je multiplie également 0,30 par lui-même, et le produit 0,09 décimètres carrés = la surface du petit bout. J'additionne ensemble ces deux surfaces; leur somme est 0,25 décimètres carrés, dont la moitié = 0,125 que je multiplie par 7 mètres de longueur, et le produit 0,875 décimètres cubes ou 8 décistères 75 centièmes = le volume de la poutre proposée.

26ᵉ PROBLÈME. *Quel est le volume de la poutre (fig. 83), ayant 9 mètres 80 centimètres de longueur sur 0 m. 50 d'équarrissage d'un côté, et 0 m. 40 cent. de l'autre côté sur toute sa longueur.*

SOLUTION. Je multiplie 0,50 par 0,40, et le produit 0,20 décimètres carrés = la surface de l'un des bouts de la poutre qui a partout la même grosseur. Je multiplie cette surface par la longueur 9,80, et j'obtiens 1,960 décimètres cubes ou 1 stère 96 centistères pour le volume de la poutre proposée.

Remarque. Quelle que soit la répugnance que nous ayons pour les anciennes mesures, nous dirons cependant ici que pour convertir des mètres cubes en pieds cubes métriques, il suffit de les multiplier par 27 pieds cubes que contient le mètre cube. Ainsi, pour avoir en pieds cubes le volume de la poutre (*fig.* 82), je multiplie 0,875 par 27, et j'obtiens 23 pieds cubes 63 centièmes.

La poutre (*fig.* 83) = 1,96 × 27 = 52 pieds cubes 92 centièmes.

Fig. 84.

Opération.

22 : 7 : : 1,10 : x
7

7,70 | 22
110 | 0,35 centim. diamètre.
00

8 mèt.

Multipl. 0,0875 quart du diamètre
par 1,10 circonférence.
8750
875

Multipl. 0,096250 surface du cercle du milieu
par 8 mètres longueur de l'arbre.
= 0,770000 centimètres cubes ou 77 centistères.

Opérations.

5e *réduit.*

Div. 1,10 | 5
10 | 0,22 = le 5e.
0

De 1,10 circonférence
ôtez 0,22 (le cinquième).

reste 0,88 | 4
08 | 0,22 équarrissage.
0

Multipl. 0,22 équarrissage
par 0,22 —
44
44

= 0,0484 surface.
× 8 m. longeur.
= 0m.c.3872 × 27 = 10 pieds cubes 35 centièmes.

6e *réduit.*

Div. 1,10 | 6
50 | 0,183 sixième
20
2

De 1,100 conférence
ôtez 0,183 (le sixième).

reste 0,917 | 4
11 | 0,229 équarriss.
37
1

Multipl. 0,229 équarriss.
par 0,229 —
2061
458
458

Multipl. 0,052441
par 8 m. long.
= 0m. c.419528 × 27 = 11 pieds cubes 33 centièmes.

DE LA MESURE DES BOIS EN GRUME.

126. *Qu'appelle-t-on bois en grume?*

On appelle bois en grume les bois ronds non écorcés.

127. *Comment obtient-on le volume des bois ronds?*

Pour avoir le volume d'un bois rond, il faut prendre la circonférence au milieu de la pièce, la multiplier par le quart de son diamètre; on aura alors la surface du cercle moyen qu'on multipliera par la longueur de la pièce, et le produit sera le volume demandé.

27e PROBLÈME. *Déterminer le volume de l'arbre (fig. 84), ayant 8 mètres de longueur, et dont la circonférence prise au milieu est de 1 mètre 10 centimètres.*

SOLUTION. Je cherche le diamètre comme il est dit au n° 78; il est de 0 mètre 35 centimètres; j'en prends le quart que je multiplie par la circonférence 1 m. 10; j'obtiens pour la surface du cercle du milieu 0,096250 que je multiplie par la longueur 8 mètres, et le produit 0,770 décimètres cubes ou 77 centistères = le volume de l'arbre proposé.

VOLUME DES BOIS RONDS AU 5e ET AU 6e RÉDUIT.

128. *Que faut-il faire pour avoir le volume d'une pièce de bois rond au 5e réduit?*

Il faut diviser la longueur de la circonférence prise au milieu de la pièce par 5; le quotient de cette division exprime le cinquième qu'il faut retrancher de la circonférence totale; diviser le reste obtenu par 4 pour avoir l'équarrissage qu'il faut multiplier par lui-même (comme au n° 125); multiplier ensuite le produit par la longueur de la pièce proposée, et on aura le volume demandé.

Pour avoir le volume au 6e réduit, il faut diviser la circonférence par 6, et continuer l'opération comme pour le 5e réduit.

28e PROBLÈME. *Déterminer le volume au 5e et ensuite au 6e réduit de l'arbre (fig. 84).*

(Voir les opérations.)

Fig. 85.

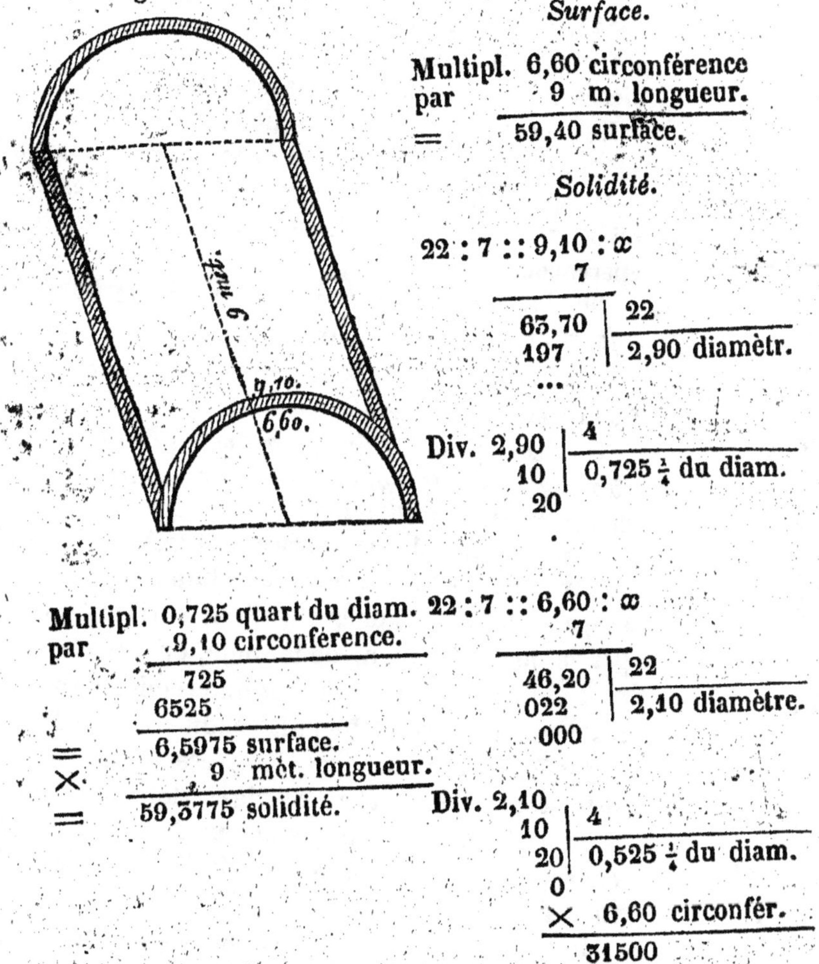

Surface.

Multipl. 6,60 circonférence
par 9 m. longueur.
= 59,40 surface.

Solidité.

22 : 7 :: 9,10 : x
7
63,70 | 22
197 | 2,90 diamètr.
...

Div. 2,90 | 4
10 | 0,725 $\frac{1}{4}$ du diam.
20

Multipl. 0,725 quart du diam.
par 9,10 circonférence.
725
6525
= 6,5975 surface.
× 9 mèt. longueur.
= 59,3775 solidité.

22 : 7 :: 6,60 : x
7
46,20 | 22
022 | 2,10 diamètre.
000

Div. 2,10 | 4
10 | 0,525 $\frac{1}{4}$ du diam.
20
0
× 6,60 circonfér.
31500
3150
= 3,46500 surface
× 9 m. long.
= 31,185 espace vide.

De 59,377 espace plein et espace vide
ôtez 31,185 espace vide.
reste 28,195 solidité cherchée.

CALCUL DES VOUTES.

129. *Qu'est-ce qu'une voûte?*

On appelle voûte (*fig.* 85), la maçonnerie en arc dont les pièces se soutiennent les unes les autres.

Les voûtes à plein cintre sont les plus communes.

130. *Comment trouve-t-on la surface d'une voûte?*

Il faut mesurer la longueur de la circonférence et la multiplier par la longueur de la voûte, le produit sera la surface cherchée.

29e **Problème**. *Trouver la surface de la voûte (fig. 85), ayant 6 m. 60 cent. de circonférence et 9 mètres de longueur.*

Solution. 6 m. 60 × 9 mètres = 59 m. q. 40 = la surface de la voûte proposée.

131. *Que faut-il faire pour avoir la solidité de l'espace occupé par la voûte (fig. 85), dont la circonférence extérieure est de 9 mètres 10 centimètres.*

Il faut multiplier la surface du cercle extérieur par la longueur de la voûte, on aura le volume de l'espace plein et de l'espace vide; multiplier ensuite la surface du cercle intérieur par la même longueur de la voûte, on aura le volume de l'espace vide qu'il faut retrancher du premier résultat trouvé, et le reste sera l'espace plein ou la solidité de la voûte proposée.

Ainsi, je cherche, par les procédés des nos 76 et 78, la surface du cercle extérieur; elle est de 6 mètres carrés 5975 que je multiplie par 9 mètres, longueur de la voûte, et le produit 59 mètres cubes 377 = le volume de l'espace plein et de l'espace vide.

Je cherche ensuite, par les mêmes procédés, la surface du cercle intérieur; elle est de 3,4650 centimètres carrés que je multiplie également par 9 mètres, longueur de la voûte, et j'obtiens 31 mètres cubes 185 pour le volume de l'espace vide que je retranche de 59,377, et il reste 28 mètres cubes 192 décimètres cubes pour la solidité de la voûte proposée.

Fig. 86.

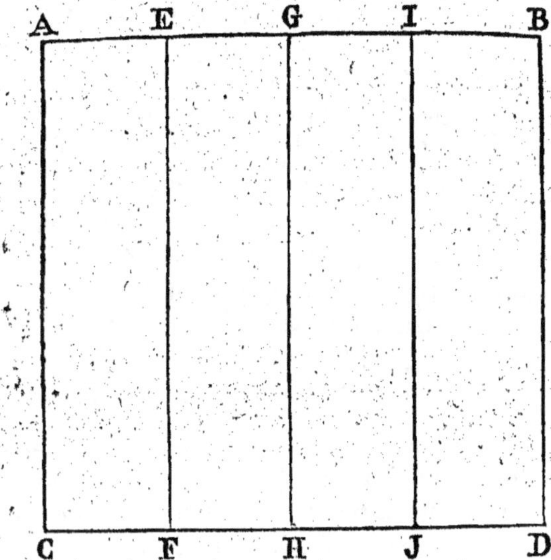

Fig. 87.

GÉODÉSIE OU DIVISION DES TERRAINS.

132. *Qu'est-ce que la géodésie?*

La géodésie est l'art de diviser les terrains.

Il ne suffit pas de connaître la surface d'un héritage qui appartient à plusieurs cohéritiers, il faut encore pouvoir donner à chacun ce qui lui revient, et savoir opérer des restitutions de terrain, lorsqu'un voisin, souvent sans le vouloir, a anticipé sur le champ qui lui est contigu.

133. *Quel sont les principes sur lesquels repose la division des terrains?*

Cette seconde partie de l'arpentage a aussi ses principes; nous les donnerons en même temps que nous en ferons l'application. Nous poserons seulement ici le principe général suivant, sur lequel sont fondées toutes les opérations géodésiques.

Principe général. En divisant tout produit composé de deux facteurs par l'un de ces facteurs, on obtient l'autre facteur au quotient. D'où il résulte qu'en divisant un surface par une longueur, on obtient au quotient une largeur, et qu'en divisant une surface par une largeur, on obtient une longueur : puisque la surface de tout carré ou rectangle est le produit de sa longueur par sa largeur.

DIVISION DU CARRÉ ET DU RECTANGLE.

134. *Que faut-il faire pour diviser un carré en 2, 3, 4, etc., parties égales formant des rectangles égaux?*

Pour diviser un carré en 2, 3, 4, etc. parties égales formant des rectangles égaux, il suffit de diviser les deux côtés parallèles en 2, 3, 4, etc. parties égales, et de joindre les points de division par des droites : on aura des rectangles égaux ayant même longueur et même largeur. La division du rectangle se fait de la même manière.

Ainsi, pour partager le carré (*fig.* 86) en quatre rectangles égaux, je divise les côtés AB et CD en quatre parties égales, et je joins les points de divisions EF, GH, et IJ.

En prenant la moitié des côtés AC et BD, et tirant la ligne EF, la fig. 87 se trouve divisée en deux parties égales.

Fig. 88.

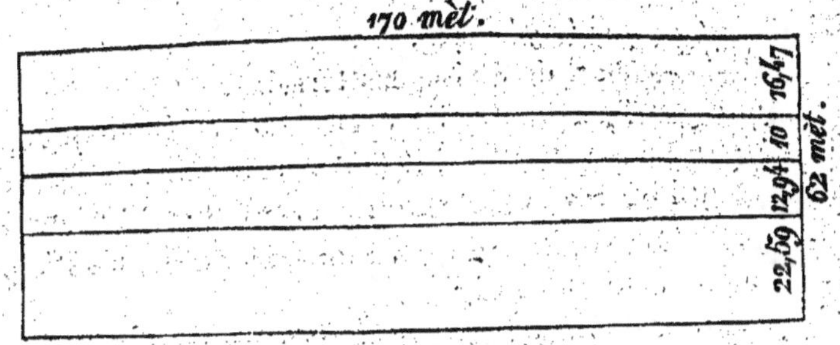

170 mèt.

16,47 | 10 | 12,94 | 22,59 | 62 mèt.

Opération.

```
Div. 2800 | 170      Div. 1700 | 170       Div. 2200 | 170
      110 | 16,47          000 | 10 mèt.         050 | 12,94
      080                                        160
       120                                       070
         1                                         2
```

Additionnez	16,47	largeur de la 1re	partie
avec	10,00	— 2e	—
—	12,94	— 3e	—
Total	39,41		
De	62 m. 00	largeur totale	
ôtez	39 m. 41		
reste	22 m. 59	largeur de la 4e	partie.

Fig. 89.

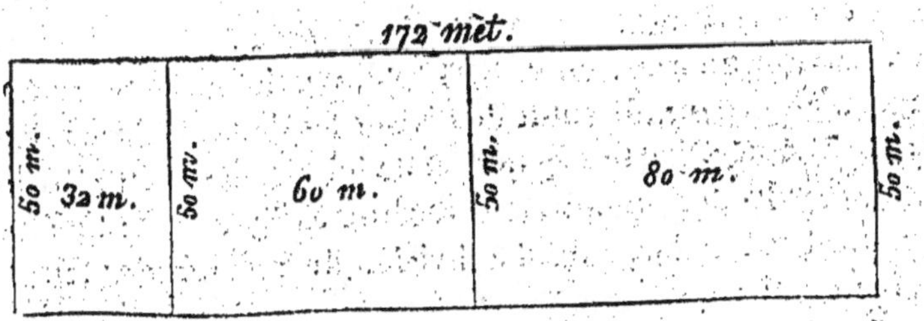

172 mèt.

50 m. 32 m. | 50 m. 60 m. | 50 m. 80 m. | 50 m.

Opération.

```
Divisez 4000 | 50            Divisez 3000 | 50
          00 | 80 mèt.                 00 | 60 mèt.
```

80 + 60 = 140 ôtés de 172, il reste 32 mètres.

135. *Que faut-il faire pour partager un rectangle en plusieurs parties inégales?*

Si le rectangle doit être partagé en long, il faut diviser la surface de chacune des parties par la base ou longueur du rectangle, et le quotient donnera la largeur; si le partage doit s'opérer par bout, il faut diviser par la largeur, et le quotient donnera la longueur.

1er Problème. *Partager le rectangle (fig. 88), ayant 105 ares 40 centiares de surface, en quatre parties, de manière que la première ait 28 ares, la seconde 17, la troisième 22 et la quatrième 38 ares 40 centiares.*

Solution. Je divise 28 ares ou 2800 mètres carrés par la longueur 170 mètres, et j'obtiens 16 mètres 47 centimètres pour la largeur de la première partie. Ensuite je divise 1700 et 2200 mètres carrés par cette même longueur, et j'obtiens 10 mètres pour la largeur de la seconde partie, et 12 m. 94 pour celle de la troisième.

J'additionne ensemble ces trois largeurs; leur somme est 39,41 que je retranche de la largeur totale 62 mètres, et le reste 29 m. 59 = la largeur de la quatrième partie.

On vérifie le partage en multipliant chaque largeur par la longueur; on doit retrouver ce que chaque partie doit avoir, et additionnant ensemble la surface des quatre parties, on doit avoir la surface exacte du rectangle proposé.

2e Problème. *Partager par bout, en trois parties, le rectangle (fig. 89), ayant 86 ares de surface, de manière que la première partie ait 40 ares, la seconde 30 et la troisième 16.*

Solution. En divisant chacune de ces surfaces partielles par la largeur totale 50 mètres, j'obtiens la longueur respective de chacune des parties.

En effet, 4000 mètres carrés divisés par 50 = 80 mètres = la longueur de la première partie; 3000 mètres carrés divisés par 50 = 60 mètres = la longueur de la seconde partie.

La somme de ces deux longueurs = 140 mètres que je retranche de la longueur totale 172 mètres, et le reste 32 mètres = la longueur de la troisième partie.

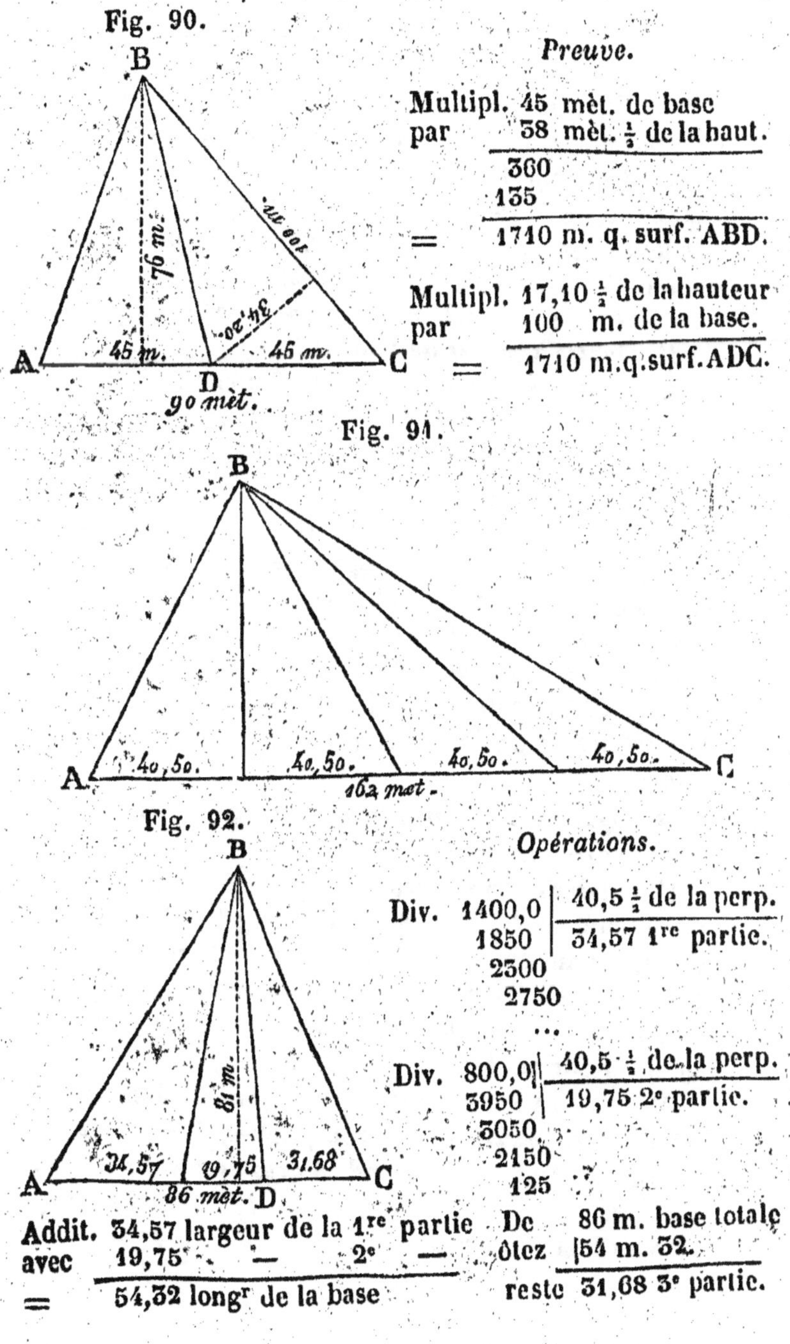
Fig. 90.
B
76 m.
100 m.
34,20
A
45 m.
46 m.
C
D
90 mèt.
Preuve.
Multipl. 45 mèt. de base
par 38 mèt. ½ de la haut.
360
135
= 1710 m. q. surf. ABD.
Multipl. 17,10 ½ de la hauteur
par 100 m. de la base.
= 1710 m.q.surf.ADC.
Fig. 91.
B
A
40,50.
40,50.
40,50.
40,50.
C
162 mèt.
Fig. 92.
B
81 m.
A
34,57
19,75
31,68
C
86 mèt.
D
Opérations.
Div. 1400,0 | 40,5 ½ de la perp.
1850 | 34,57 1re partie.
2300
2750
...
Div. 800,0 | 40,5 ½ de la perp.
3950 | 19,75 2e partie.
3050
2150
125
Addit. 34,57 largeur de la 1re partie
avec 19,75 — 2e —
= 54,32 longr de la base
De 86 m. base totale
ôtez 54 m. 32.
reste 31,68 3e partie.

DIVISION DES TRIANGLES.

136. *Que faut-il faire pour partager un triangle en 2, 3, 4, etc. parties égales formant des triangles aboutissant tous à un même angle?*

Il suffit de diviser l'un des côtés du triangle en 2, 3, 4, etc. parties égales, et des points de division tirer des lignes à l'angle opposé. Ce partage n'exige aucun calcul.

3e Problème. *Partager le triangle ABC (fig. 90) en deux parties égales à partir de l'angle B.*

Solution. Le côté AC ayant 90 mètres de longueur, je mesure avec la chaîne 45 mètres soit de A en D ou de C en D; du point D je tire la ligne de division ou ligne séparative DB, et l'opération est terminée.

Pour vérifier l'exactitude de cette opération, j'évalue séparément la surface de chaque partie; or, comme ces deux surfaces sont parfaitement égales, l'opération est vraie.

4e Problème. *Partager le triangle ABC (fig. 91) en quatre parties et triangles égaux.*

Solution. Je divise le côté AC en quatre parties égales; je tire les lignes de division au point B, et l'opération est terminée.

137. *Que faut-il faire pour partager un triangle en plusieurs parties inégales?*

Il faut diviser la surface de chacune des parties par la moitié de la hauteur du triangle, puisque (no 55) un triangle n'est que la moitié d'un carré, et que (no 133, principe général) en divisant une surface par une longueur on obtient une largeur au quotient; le quotient donnera donc la largeur qu'il faudra mesurer sur la base.

5e Problème. *Partager le triangle (fig. 92), ayant 34 ares 83 centiares de surface, en trois parties, de manière que la première ait 14 ares, la seconde 8 ares et la troisième 12 ares 8 centiares.*

(Voir les opérations.)

Fig. 93.

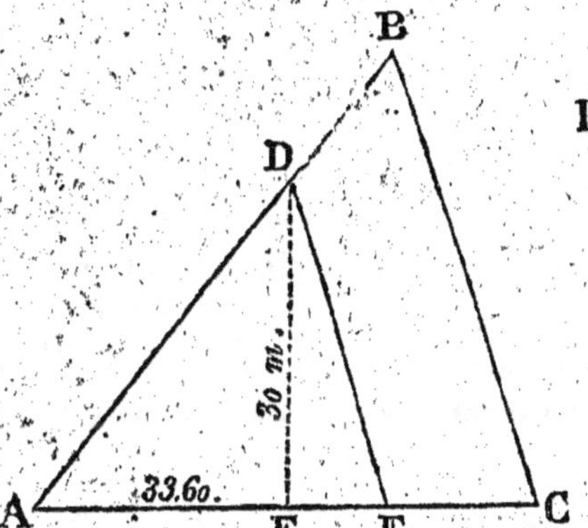

Opération.

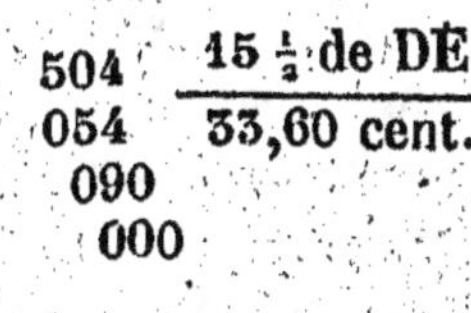

Div.	504	15 ½ de DE.
	054	33,60 cent.
	090	
	000	

Fig. 94.

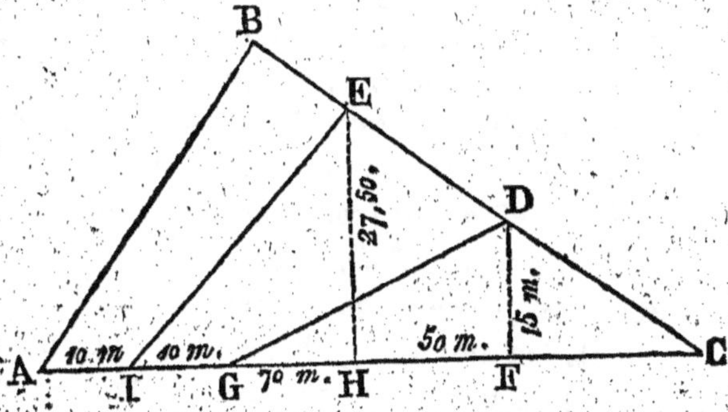

Opérations.

Divisez	3750	7,5 moitié de FD.
	000	50 mèt. 1re partie.

Additionnez	375	surface de la 1re partie
avec	450	— 2e —
	82500	13,75 moitié de HE.
	0000	60 — 50 = 10 mèt. 2e partie.

La longueur totale de la base AC étant 70 m., il reste 10 m. pour la 3e partie.

6ᵉ **Problème.** *Partager le triangle ABC (fig. 93), ayant 10 ares 08 centiares de surface, en deux parties égales à partir du point D.*

Solution. Du point D j'abaisse une perpendiculaire droite sur la base AC; cette perpendiculaire, qui a 30 mètres de longueur, est la hauteur du triangle qui doit former la moitié de la surface totale du triangle ABC, ou 504 mètres carrés.

Nous savons que la surface d'un triangle quelconque s'obtient en multipliant sa base par la moitié de sa hauteur. Or, il est évident qu'en divisant la surface de ce même triangle par la moitié de sa hauteur, le quotient donnera la longueur de sa base. Je divise donc 504 mètres carrés ou la moitié de la surface totale par 15 mètres ou la moitié de la perpendiculaire DE, et le quotient 33 mètres 60 centimètres égale la longueur que je dois prendre sur la base AC. Je tire la ligne DF, et l'opération est terminée.

7ᵉ **Problème.** *Partager le triangle (fig. 94), dont la surface est de 11 ares 90 centiares, en trois parties, de manière que la première partie ait 3 ares 75 centiares à partir du point D, que la seconde partie, comprise entre les bornes D, E, ait 4 ares 50 centiares, et que la troisième partie ait 3 ares 15 centiares, ou le restant de la pièce proposée.*

Solution. J'opère de la même manière qu'au problème précédent. Du point D j'abaisse la perpendiculaire DF qui a 15 mètres de longueur; j'en prends la moitié par laquelle je divise 375 mètres carrés; le quotient 50 mètres égale la longueur que je dois prendre sur la base CA. Je tire la ligne GD qui fait la limite entre la première et la seconde partie.

Pour avoir la portion de la seconde partie, j'additionne ensemble les deux premières parties que je considère comme n'en formant qu'une seule qui devrait avoir 8 ares 75 centiares. Du point E j'abaisse la perpendiculaire EH qui a 27 mètres 50 de longueur; j'en prends la moitié par laquelle je divise 875 mètres carrés; j'obtiens au quotient 60 mètres, dont je retranche 50 mètres, et le reste 10 mètres = la longueur de la seconde partie sur la base AC. Du point J je tire la ligne IE, et l'opération est terminée.

Fig. 95.

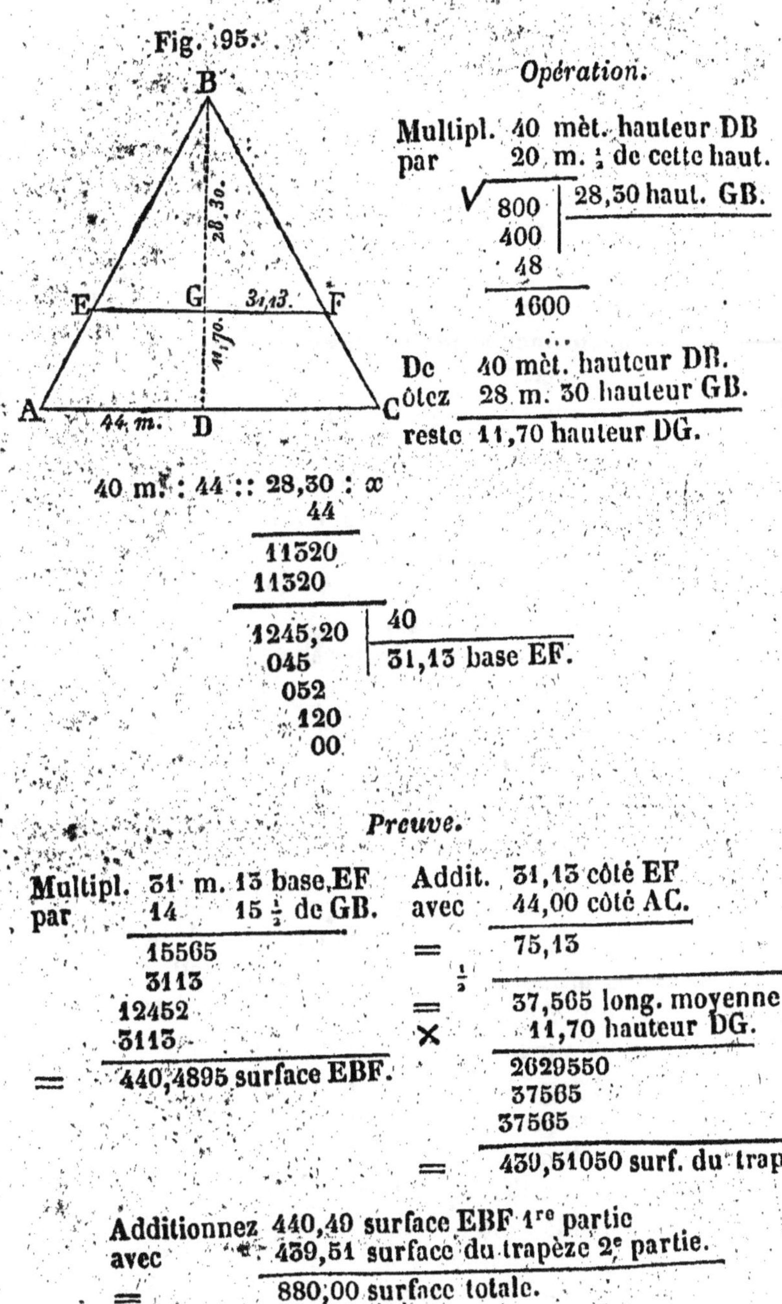

Opération.

Multipl. 40 mèt. hauteur DB
par 20 m. ½ de cette haut.

√ 800 | 28,30 haut. GB.
400
48
1600

De 40 mèt. hauteur DB.
ôtez 28 m. 30 hauteur GB.
reste 11,70 hauteur DG.

40 m. : 44 :: 28,30 : x
44
11320
11320
1245,20 | 40
045 | 31,13 base EF.
052
120
00

Preuve.

Multipl. 31 m. 13 base EF
par 14 15 ½ de GB.
15565
3113
12452
3113
= 440,4895 surface EBF.

Addit. 31,13 côté EF
avec 44,00 côté AC.
= 75,13
½
= 37,565 long. moyenne
× 11,70 hauteur DG.
2629550
37565
37565
= 439,51050 surf. du trap.

Additionnez 440,49 surface EBF 1re partie
avec 439,51 surface du trapèze 2e partie.
= 880,00 surface totale.

138. *Que faut-il faire pour diviser en deux parties égales un triangle quelconque parallèlement à l'un de ses côtés pris pour base?*

Pour diviser en deux parties égales un triangle quelconque parallèlement à l'un de ses côtés pris pour base, il faut chercher une moyenne proportionnelle entre la perpendiculaire et sa moitié. Pour cela il suffit de les multiplier l'une par l'autre et, de leur produit, extraire la racine carrée qui sera la ligne proportionnelle dont la longueur sera la hauteur du triangle qui doit former la première partie.

La seconde partie sera toujours un trapèze qui aura pour hauteur le restant de la perpendiculaire.

Pour avoir la longueur de la base du triangle qui doit former la première partie, je fais la proportion suivante :

La hauteur totale du triangle à partager : à sa base :: la hauteur du triangle formant la première partie : à sa base.

On vérifie le partage en évaluant séparément la surface de chacune des parties.

8e **Problème.** *Partager en deux parties égales, parallèlement à sa base, le triangle ABC (fig. 95), dont la base AC a 44 mètres de longueur, et la hauteur DB 40 mètres, et dont la surface est de 8 ares 80 centiares.*

Solution. Je multiplie 40 m., hauteur DB, par 20 m., moitié de cette même hauteur DB; du produit 800 m. q. j'extrais la racine carrée, et j'obtiens 28 m. 30, à un centimètre près, pour la hauteur du triangle qui doit former la première partie.

Ensuite je cherche la longueur de la base de ce triangle par la proportion ci-dessus indiquée ; elle est de 31 m. 13 cent. Je tire la ligne EF, et l'opération est terminée.

Pour faire la preuve de cette opération, je multiplie la base EF, ou 31 m. 13, par la moitié de la hauteur GB, ou 14 m. 15, et le produit 440 mètres carrés 49 = la surface de la première partie. Les 49 décimètres carrés qui sont en plus proviennent du dernier chiffre forcé à la racine carrée; ils se trouvent en moins dans la seconde partie. Pour la seconde partie, je multiplie la moitié de la somme des deux bases du trapèze par sa hauteur 11,70 et ces deux surfaces réunies = la surface totale du triangle proposé.

Fig. 96.

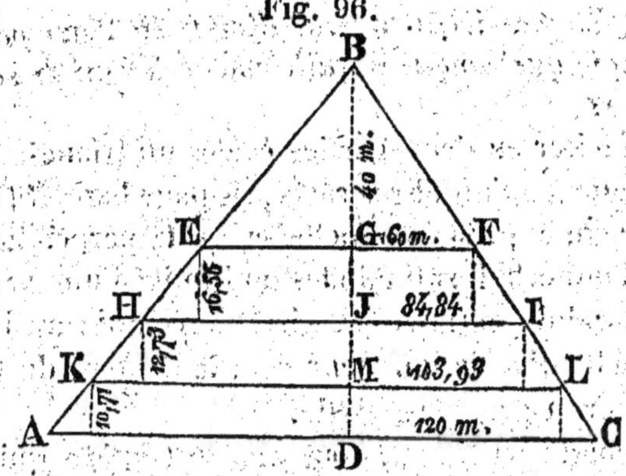

Opérations.

PREMIÈRE PARTIE. Multipl. 80 hauteur DB
par 20 $\frac{1}{4}$ de DB.

La racine carrée de 1600 = 40 mèt. hauteur GB.
80 : 120 :: 40 : x = 60 = EF.

DEUXIÈME PARTIE. Multipl. 80 hauteur DB.
par 40 $\frac{1}{2}$ de DB.

La racine carrée de 3200 = 56,56 — 40 = 16,56 = JG.
80 : 120 :: 56,56 : x = 84,84 = HI.

TROISIÈME PARTIE. Multipl. 80 hauteur DB.
par 60 les $\frac{3}{4}$ de DB.

La racine carrée de 4800 = 69,29 — 56,56 = 12,73 = MJ.
80 : 120 :: 69,29 : x = 103,932 = KL.

QUATRIÈME PARTIE. De 80,00 hauteur DB.
ôtez 69,29
reste 10,71 = DM.

Preuve.

60 mètres de base × 20 moitié de GB = 1200 m. q. 1re partie.

$\frac{60 + 84,84}{2} = 72,42 \times 16,56 = 1200$ m. q. 2e partie.

$\frac{84,84 + 103,93}{2} = 94,385 \times 12,73 = 1201$ m. q. 3e partie.

$\frac{103,93 + 120}{2} = 111,965 \times 10,71 = 1199$ m. q. 4e partie.

Surface totale. . . . 4800 mètres carrés.

9° **Problème.** *Partager en quatre parties égales, parallèlement à sa base, le triangle (fig. 96) ayant 120 mètres de base et 80 mètres de hauteur.*

Solution. — Première partie. La première partie sera un triangle semblable au triangle proposé. J'en cherche la hauteur d'après le principe n° 138; mais comme chaque partie ne doit être que le quart de la surface totale, je multiplie la hauteur DB ou 80 mètres par son quart ou 20 mètres, et, du produit 1600, j'extrais la racine carrée qui donne 40 mètres pour la hauteur du triangle qui forme la première partie. Ensuite par la proportion ci-devant indiquée je cherche la base EF : sa longueur est 60 mètres.

Deuxième partie. Cette partie, ainsi que les deux dernières, sera un trapèze. J'emploie le même procédé que pour la première partie, mais en prenant *la moitié* de la hauteur DB; je multiplie donc 80 par 40, et du produit 3200 j'extrais la racine carrée qui est 56 m. 56 cent. ou la hauteur du triangle HBI. Mais ce triangle renferme deux parties; je retranche donc la hauteur du premier triangle, et il reste 16 mètres 56 pour la hauteur du trapèze formant cette seconde partie. Ensuite, par la même proportion indiquée, je cherche la base HI : sa longueur est de 84 m. 84 centimètres.

Troisième partie. J'emploie toujours le même procédé que pour la première et la seconde partie, mais en prenant *les trois quarts* de la hauteur DB. Je multiplie par conséquent 80 mètres par 60 qui sont les trois quarts de 80; j'extrais la racine carrée du produit, et j'obtiens 69 m. 29 pour la hauteur du triangle KBL. Mais ce triangle renferme trois portions; j'en retranche donc la hauteur des deux premières parties, et le reste 12 m. 73 égale la hauteur du trapèze formant cette troisième partie. Ensuite, je cherche la base KL : sa longueur est de 103 m. 83.

Quatrième partie. De la hauteur totale ou 80 mètres je retranche la hauteur des trois premières parties, et il reste 10 mèt. 71 pour la hauteur du trapèze formant cette dernière partie.

Après m'être assuré de l'exactitude des opérations, je tire les lignes de division EF, HI, KL, et l'opération est terminée.

Fig. 97.

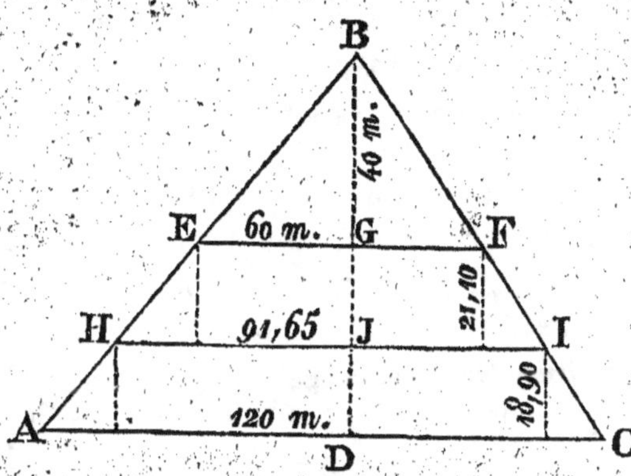

Opérations.

PREMIÈRE PARTIE. $80 \times \frac{3}{12} = \frac{240}{12} = 20$ mètres.

$80 \times 20 = 1600.$

La racine carrée de 1600 = 40 mèt. = la haut GB.

80 : 120 :: 40 : x = 60 mèt. = la base EF.

DEUXIÈME PARTIE. $80 \times \frac{7}{12} = \frac{560}{12} = 46,67$

$80 \times 46,67 = 3733,60.$

La racine carrée de 3733,60 = 61,10 — 40=21,10=JB.

80 : 120 :: 61,10 : x = 91,65 = la base HI.

TROISIÈME PARTIE. De 80 hauteur DB
ôtez 61,10 hauteur JB.
reste 18,90 hauteur DJ.

Preuve.

60 mèt. base EF × 20 ½ de GB = 12 ares, 1re partie.

$\frac{60 + 91,65}{2} = 75,825 \times 21,10 =$ 16 ares, 2e partie.

$\frac{91,65 + 120}{2} = 105,825 \times 18,90 =$ 20 ares, 3e partie.

Surface totale. 48 ares.

10e PROBLÈME. *Partager en trois parties, parallèlement à sa base, le triangle (fig. 97), ayant 120 mètres de base et 80 m. de hauteur, de manière que la première partie forme un triangle ayant 12 ares, que la seconde forme un trapèze qui ait 16 ares, et que la troisième, qui sera aussi un trapèze, ait 20 ares.*

SOLUTION. La surface du triangle proposé est égale à 12 + 16 + 20 = 48 ares. La première partie est donc les $\frac{12}{48}$ de la surface totale; la seconde partie en est les $\frac{16}{48}$, et la troisième partie en est les $\frac{20}{48}$.

Je réduis ces trois expressions à des fractions plus simples, en leur conservant néanmoins un dénominateur commun, et j'ai $\frac{12}{48} = \frac{3}{12}$, $\frac{16}{48} = \frac{4}{12}$ et $\frac{20}{48} = \frac{5}{12}$. Le problème est alors ramené au cas précédent, sauf à trouver des lignes moyennes proportionnelles entre les $\frac{3}{12}$, les $\frac{4}{12}$ et les $\frac{7}{12}$ de 80 mètres, c'est-à-dire de la hauteur du triangle.

PREMIÈRE PARTIE. Je multiplie la hauteur du triangle ou 80 mètres par ses $\frac{3}{12}$ qui sont de 20 mètres, et, du produit 1600, j'extrais la racine carrée qui égale 40 mètres pour la hauteur du triangle de cette première partie. Je cherche la longueur de sa base par la proportion ci-devant indiquée, et je la trouve égale à 60 mètres.

SECONDE PARTIE. Le procédé est le même que pour la première partie; mais j'ai à y ajouter $\frac{4}{12}$; or $\frac{3}{12}$ et $\frac{4}{12} = \frac{7}{12}$. Je multiplie la hauteur 80 mètres par ses $\frac{7}{12}$ qui sont de 46,67, et, du produit 3733,60, j'extrais la racine carrée qui égale 61 m. 10 ou la hauteur JB du triangle HBI. Mais ce triangle renferme la première partie qui a 40 mètres de hauteur; je la retranche donc de 61,10, et il reste 21 m. 10 pour la hauteur du trapèze formant cette seconde partie. Ensuite je cherche la longueur de la ligne séparative entre la seconde et la troisième partie, et je la trouve de 91 m. 65 c.

TROISIÈME PARTIE. De la hauteur totale, ou 80 mètres, je retranche la hauteur des deux premières parties, ou 60 m. 10 c., et il reste 18 m. 90 pour la hauteur du trapèze formant cette troisième et dernière partie.

L'opération étant terminée, je tire les lignes EF et HI.

Fig. 98.

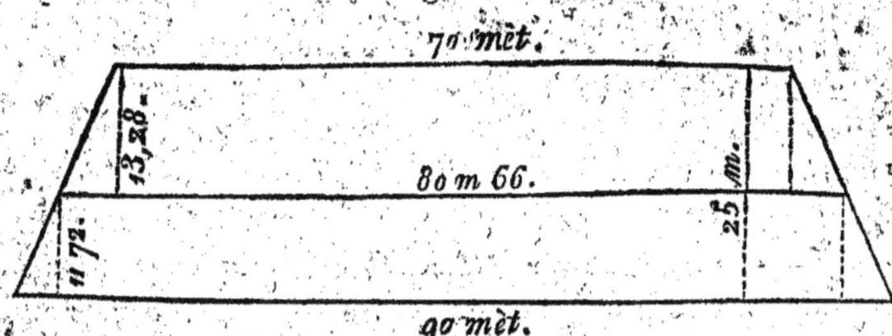

Opération.

PREMIÈRE PARTIE.

Addit. 70 mèt. petite base
avec 90 mèt. grande base.
= 160
$\frac{1}{2}$
Add. 80 longueur moyenne
avec 70 petite base.
= 150
$\frac{1}{2}$
= 75 longueur moyenne.

Multipl. 13,33 largeur
par 0,8 augm. par mèt.
= 10,664 augm. totale
+ 70 petite base.
= 80,66 ligne séparative.

Div. 1000 | 75 long. moyenne.
250 | 13,33 largeur.
250
250
25

De 90 grande base
ôtez 70 petite base.
200 | 25 hauteur totale.
00 | 0,8 aug. par mèt.

(1) 4,0000 | 80,66
670 | 0,05 à ôter de 13,33, il reste 13,28.

$$\frac{80,66 + 70}{2} = 75,33 \times 13,33 = 1004 - 1000 = 4\ (1).$$

DEUXIÈME PARTIE.

De 25 mèt. hauteur totale
ôtez 13,28 largeur de la 1re partie.
reste 11,72 largeur de la 2e partie.

$$\frac{80,66 + 90}{2} = 85,33 \times 11,72 = 1000 \text{ mètres carrés.}$$

139. *Que faut-il faire pour partager en deux parties égales en long le trapèze (fig. 98) dont la surface est de 20 ares?*

Le trapèze ayant une base plus grande que l'autre, il est évident que la partie du côté de la petite base devra avoir une largeur supérieure à l'autre partie, puisque les deux doivent être égales en surface.

Nous avons vu (n° 44) que la surface du trapèze est le produit de sa longueur moyenne par sa hauteur. Or la longueur moyenne de la première partie ne peut se trouver qu'entre la longueur moyenne du trapèze et sa petite base.

J'additionne donc la longueur moyenne avec la petite base, c'est-à-dire 80 avec 70, et la moitié de leur somme, ou 75 mèt. est à très-peu de chose près la longueur moyenne de la première partie; et, comme (n° 133) en divisant une surface par une longueur on obtient une largeur, je divise 1000 mètres carrés, surface de la première partie, par sa longueur moyenne 75 mètres, et le quotient 13 m. 33 = sa largeur.

Pour faire la preuve de cette opération il faut que je connaisse la longueur de la ligne séparative. Pour la trouver, sans la mesurer, j'opère de la manière suivante.

Je retranche la petite de la grande longueur du trapèze, ou 70 de 90; je divise le reste 20 mètres par 25 mèt., hauteur totale du trapèze; le quotient ou 8 décimètres égale l'augmentation par mètre par laquelle je multiplie 13 m. 33, largeur de la première partie, et le produit 10 m. 66 = l'augmentation totale que j'additionne avec la petite longueur 70 mètres; j'obtiens ainsi la ligne séparative égale à 80 mètres 66 cent.

Ensuite je vérifie la première partie en multipliant sa longueur moyenne par sa largeur, ou 75 m. 33 par 13,33, dont le produit = 1004 mètres carrés. Mais chaque partie ne doit avoir que 1000 mètres carrés: j'ai donc 4 m. q. de trop pour cette première partie. Alors je divise cette différence 4 mèt. q. par la ligne séparative ou 80 m. 66, et je trouve au quotient 0,05 centimètres que je dois rendre à la seconde partie. Je retranche en conséquence 0,05 cent. de 13,33, et il reste 13 m. 28 pour la véritable largeur de la 1re partie. Retranchant 13,33 de 25, il reste 11 m. 72 pour la largeur de la seconde partie.

Fig. 99.

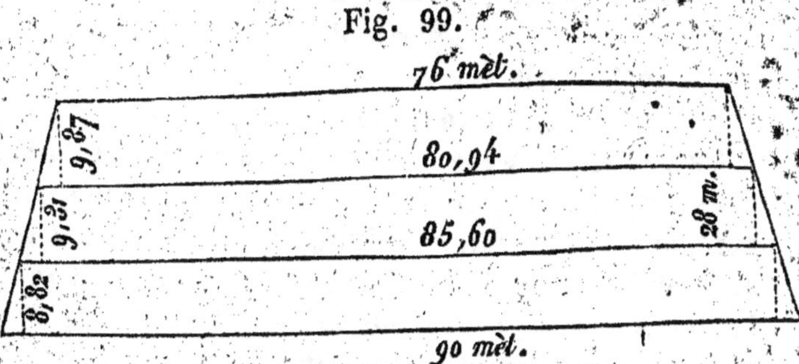

Opération.

PREMIÈRE PARTIE.

$$\frac{76+90}{2}=\frac{83+76}{2}=79{,}5 \text{ diviseur.}$$

774,66 divisés par 79,5 = 9,74 largeur.

90 — 76 = 14 : 28 = 0,5 augmentation par mètre.

9,74 × 0,5 = 4,87 + 76 = 80,87, ligne séparative.

$$\frac{80{,}87+76}{2}=78{,}435 \times 9{,}74 = 764 \text{ mètres carrés.}$$

774,66 — 764 = 10,66 : 80,87 = 0,13 à reprendre.

9,74 + 0 m. 13 = 9,87 largeur vraie.

(9,87 × 0,5) + 76 = 80,94, ligne séparative vraie.

DEUXIÈME PARTIE.

774,66 : 83 = 9,33 largeur × 0,5 = 4,66 augmentation.

80,94 + 4,66 = 85,60, ligne séparative.

$$85{,}60+80{,}94=\frac{166{,}54}{2}=83{,}27 \times 9{,}33 = 776{,}90 -$$

774,66 = 2,24 à rendre.

2,24 : 85,60 = 0 m. 02 cent. à retrancher de 9,33.

9,33 — 0,02 = 9,31 largeur vraie.

TROISIÈME PARTIE.

9,87 + 9,31 = 19 m. 18 ôtés de 28, il reste 8,82.

$$\frac{85{,}60+90}{2}=87{,}80 \times 8{,}82 = 774{,}40 \text{ déc. carrés.}$$

11ᵉ **Problème.** *Partager en 3 parties égales en long le trapèze (fig. 99), dont la surface est de 23 ares 24 centiares.*

Solution. Chaque partie devra avoir le tiers de la surface totale ou 774 mèt. carrés 66.

La méthode à suivre est la même que celle de la *fig.* 98.

Première partie. Je prends la moitié de la somme des deux bases 90 et 76 mètres; j'ai la longueur moyenne du trapèze, ou 83 mètres, que j'additionne avec la petite base 76 m. Je prends la moitié de leur somme; j'obtiens 79 m. 5 pour la longueur moyenne par laquelle je divise la surface 774,66, et le quotient 9 m. 74 = la largeur de cette première partie.

Ensuite je cherche l'augmentation par mètre en divisant la différence des deux bases ou 14 m. par la largeur totale ou 28 mètres; cette augmentation est de 0 m. 5, par laquelle je multiplie la largeur 9 m. 74; d'où il résulte une augmentation totale de 4 m. 87 cent. que j'ajoute à 76 mètres, et j'obtiens 80 m. 87 cent. pour la longueur de la ligne séparative.

Je vérifie cette première partie en multipliant sa longueur ou 78,44 par sa largeur 9,74. Le produit = 764 mètres carrés. Mais cette partie, comme les deux autres, doit avoir 774,66. Il lui manque par conséquent 10 m.q. 66 que je divise par la ligne séparative 80,87. Je trouve au quotient 0 m. 13 que j'ajoute à 9 m. 74; la vraie largeur est alors de 9 m. 87. Cette augmentation de largeur augmente de 0 m. 07 c. la ligne séparative qui devient 80 m. 94 c.

Deuxième partie. Cette partie a nécessairement sa longueur moyenne à peu près au juste milieu de la pièce entière. Je divise en conséquence 774,66 par la largeur moyenne ou 83 m., et le quotient 9 m. 33 égale, à 2 centimètres près, la largeur de cette seconde partie.

Je multiplie 9 m. 33 par 0,5; j'obtiens pour augmentation totale 4 m. 66 que j'ajoute à la ligne séparative 80 m. 94, pour avoir la ligne séparative entre la 2ᵉ et la 3ᵉ partie; elle est de 85 m. 60. Ensuite je restitue les 2 m. q. qui sont en plus, et il reste pour la vraie largeur 9 m. 31.

Troisième partie. Les deux 1ʳᵉˢ parties comportant ensemble 19 m. 18 sur la largeur totale, il reste 8 m. 82 à cette 3ᵉ partie.

Fig. 100.

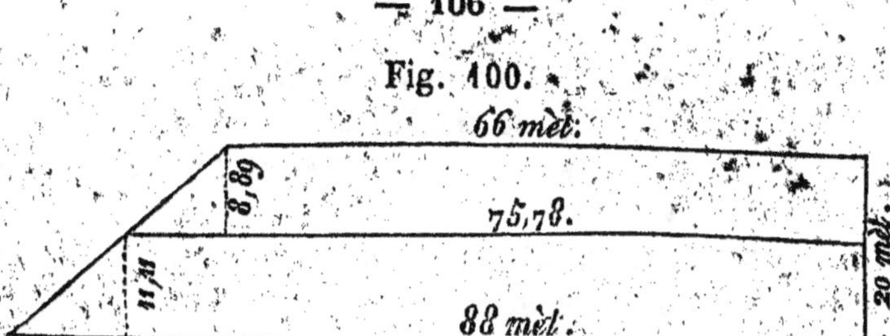

Opération.

PREMIÈRE PARTIE.

Additionnez 88 grande base
avec 66 petite base.
= 154
$\frac{1}{2}$ = 77 long. moyenne
× 66
= 143
$\frac{1}{2}$ = 71,5 diviseur.

Multipl. 8,81 largeur
avec 1,1 aug. par mètre.
881
881
Addit. 0,691 aug. totale
avec 66,00 petite base.
= 75,69 ligne séparative.

De 630
ôtez 624
006 | 75,69
0,08 à reprendre.

8,81 + 0,08 = 8,89 larg. vraie.

Div. 630,0 | 71,5
5800 | 8,81 largeur.
0800
085

De 88 grande base
ôtez 66 petite base.
reste 22 | 20 largeur totale.
020 | 1 m. 1 aug. par m.
0

Additt 75,69 lig. séparative
avec 66,00 petite base.
= 141,69
$\frac{1}{2}$ = 70,845 long. moyenn.
× 8,81 largeur.
70845
566760
566760
624,14445 surface.

Multipl. 0,08 à reprendre
par 1 m. 1 aug. par m.
= 0,09 + 75,69 = 75,78.

DEUXIÈME PARTIE.

20 — 8,89 = 11,11 largeur de cette 2e partie.

$\frac{75,78 + 88}{2} = 81,89 \times 11,11 = 9$ ares 10 centiares.

12e **Problème.** *Partager en deux parties en long le trapèze (fig. 100), dont la surface est de 15 ares 40 cent., de manière que la première partie ait 6 ares 30 et la seconde 9 ares 10 (1).*

Solution. La méthode à suivre est toujours la même que celle des *fig.* 98 et 99.

Première partie. Je prends la moitié de la somme des deux bases 66 et 88 mètres ; j'ai la longueur moyenne de la pièce à partager, ou 77 mètres que j'additionne avec la petite base 66 mètres ; je prends la moitié de leur somme : j'ai 71 m. 5 pour la longueur moyenne par laquelle je divise 630 m. q., et le quotient 8 m. 81 = la largeur de cette première partie.

Je cherche ensuite l'augmentation par mètre en divisant la différence des deux bases ou 22 mètres par la largeur totale ou 20 m. Cette augmentation est de 1 mèt. 10 cent. par laquelle je multiplie la largeur 8 m. 81 ; d'où il résulte une augmentation totale de 9 m. 69 que j'ajoute à 66 mèt., et j'ai 75 m. 69 pour la longueur de la ligne séparative.

Je fais la preuve de cette première partie en multipliant sa longueur moyenne par sa largeur, ou $\frac{66 + 75{,}79}{2} = 70$ mèt. $845 \times 8{,}81 = 624$ mètres carrés. Mais cette deuxième partie doit avoir 630 mètres carrés ; il lui manque donc 6 m. carrés que je divise par la ligne séparative 75,69. Je trouve au quotient 0 m. 08 cent. que j'ajoute à 8 m. 81. La vraie largeur est alors de 8 m. 89 cent.

Cette augmentation de largeur, quoique bien minime, augmente nécessairement aussi la ligne séparative. Je multiplie donc cette augmentation 0,08 par l'augmentation par mètre ou 1 m. 10, et forçant le dernier chiffre, j'obtiens 0 m. 09 que j'ajoute à 75,69. La vraie ligne séparative est en conséquence de 75 m. 78 cent.

Deuxième partie. Je retranche la largeur de la première partie ou 8 m. 89 de la largeur totale ou 20 mètres ; il reste 11 m. 11 pour la largeur de cette partie.

(1) Nous désignons sous le nom de première partie celle qui se trouve du côté de la petite base.

Fig. 101.

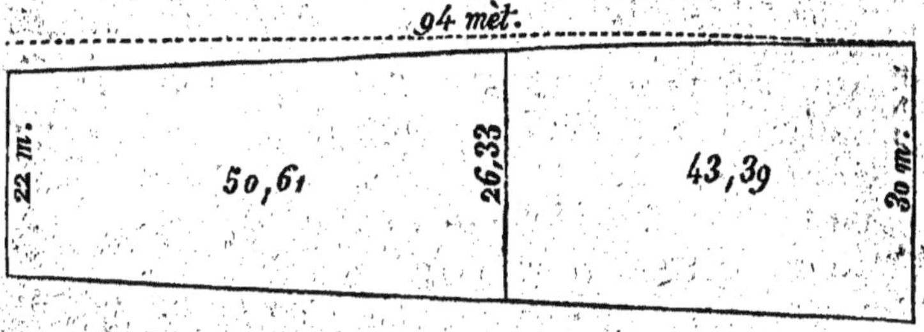

Opération.

PREMIÈRE PARTIE.

Additionnez	30	
avec	22	
=	52	
= ½	26	larg. moy.
×	22	
=	48	
= ½	24	diviseur.

Div. 1222 | 24 largeur.
0220 | 50,91 longueur.
040
16

De 30 mèt.
ôtez 22
0800 | 94 long. moy.
480 | 0,085 aug. p. m.
10

50,91 × 0,085 = 4 m. 33, augmentation totale.
22 + 4,33 = 26,33, ligne séparative.

$\frac{22 + 26,33}{2} = 24,165 \times 50,91 = 1230$ mètres carrés.

1230 — 1222 = 8 m. à rendre, divisés par 26,33 = 0,30 cent.
50,91 — 0,30 = 50,61, longueur vraie.

DEUXIÈME PARTIE.

Additionnez	30 mèt.	
avec	26,33	
=	56,33	
= ½	28,16	larg. moy.

De 94 longueur totale.
ôtez 50,61
reste 43,39 longueur.

43,39 × 28,165 = 1222 mèt. carrés.

140. *Que faut-il faire pour partager en deux parties égales, par bout, le trapèze (fig. 101), dont la surface est de 24 ares 44 centiares?*

La méthode à suivre repose sur des principes analogues à ceux que nous avons employés pour le partage en long.

La partie qui aura le bout le moins large devra nécessairement avoir une longueur supérieure à celle de l'autre partie, puisque les deux parties doivent être égales en surface, c'est-à-dire avoir chacune 12 ares 22 centiares.

Il s'agit donc de déterminer la longueur de chaque partie.

Or je dis que la longueur moyenne de la première partie (petit bout) ne peut se trouver qu'entre la largeur moyenne, ou 26 mètres, et la largeur du petit bout, ou 22 mètres.

J'additionne ensemble ces deux largeurs, et la moitié de leur somme, ou 24 mètres, est, à très-peu de chose près, la largeur moyenne de cette première partie. Et comme (n° 133) en divisant une surface par une largeur on obtient une longueur, je divise 1222 mètres carrés par cette largeur moyenne 24 mètres; le quotient 50 m. 91 = la longueur.

Pour vérifier cette opération, il faut que je connaisse la ligne séparative. Pour la trouver, je retranche la petite de la grande largeur du trapèze, ou 22 de 30; je divise le reste, 8 mètres, par la longueur totale moyenne, ou 94 mètres; le quotient égale 0 m.085, ou l'augmentation par mètre par laquelle je multiplie 50 m. 91, longueur que j'ai obtenue, et le produit 4 m. 33 = l'augmentation totale que j'ajoute à 22 mètres, largeur du petit bout; j'ai ainsi la ligne séparative égale à 26 m. 33.

Je fais la preuve de cette première partie en multipliant sa longueur, ou 50 mèt. 91, par sa largeur moyenne, ou 24 mèt. 16; le produit = 1230 mètres carrés, c'est-à-dire 8 m. q. de trop. Je divise cet excédant par la ligne séparative 26,33; le quotient = 0,30 cent. que je retranche de 50 m. 91, et il reste 50 m. 61 pour la vraie longueur de cette première partie.

DEUXIÈME PARTIE. Cette partie aura le restant de la longueur totale, ou 43,39 que je multiplie par sa largeur moyenne, ou 28 mèt. 165, et le produit = juste 12 ares 22 centiares.

Fig. 102.

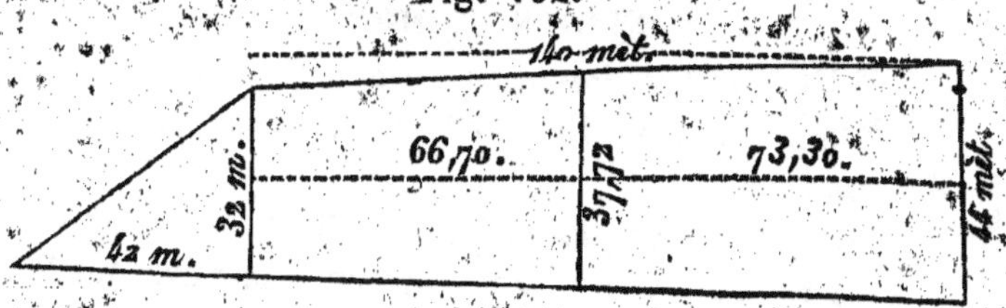

Opération.

PREMIÈRE PARTIE.

42 × 16 = 672 mètres carrés, surface du triangle.
2996 — 672 = 2324 à prendre dans le trapèze.

Addit. 32
avec 44
= 76
$\frac{1}{2}$
= 38 largeur moyenne
\+ 32
= 70
$\frac{1}{2}$
= 35 diviseur.

Div. 2324 | 35 larg. moyenne.
224 | 66 m. 40 longueur.
140
000

De 44 hauteur du large bout
ôtez 32 hauteur du petit bout.
reste 1200 | 140 long. moy.
0800 | 0,0857 aug. p. m.
100
...

66,40 × 0,0857 = 5,69 + 32 = 37,69, ligne séparative.

$\frac{32 + 37,69}{2}$ = 34,845 × 66,40 = 2313 au lieu de 2324.

2324 — 2313 = 11 : 37,69 = 0,30 + 66,40 = 66,70, longueur vraie.

0,30 × 0,0857 = 0,03 + 37,69 = 37,72, ligne sép. vraie.
2324 + 672 surface du triangle = 2996 mètres carrés.

DEUXIÈME PARTIE.

De 140 mètres longueur totale
ôtez 66,70 — 1re partie.
reste 73,30 mètres longueur 2e partie.

$\frac{37,72 + 44}{2}$ = 40,86 × 73,30 = 2996 mèt. carrés.

DIVISION DES FIGURES IRRÉGULIÈRES.

13ᵉ Problème. *Partager en deux parties égales, par bout, le champ trapèze (fig. 102), dont la surface est de 59 ares 92 centiares.*

Solution. Chaque partie aura 29 ares 96 centiares.

Première partie. Je commence par évaluer la surface du triangle que forme le bout pointu ; elle est de 672 mètres carrés que je retranche de 2996 mètres carrés; il reste 2324 m. q. à prendre dans le reste de la pièce, ce que nous allons faire en suivant le même procédé que ci-devant (nº 140).

J'additionne la largeur moyenne, ou 38 mètres, avec la petite largeur, ou 32 mètres; je prends la moitié de leur somme; j'ai une nouvelle largeur de 35 mètres par laquelle je divise 2324 mètres carrés, et le quotient 66 mètres 40 = à très-peu de chose près la longueur que je dois prendre dans le trapèze régulier.

Ensuite je retranche la petite largeur de la grande, ou 32 de 44; il reste 12 que je divise par la longueur moyenne 140 mètres; le quotient 0,0857 = l'augmentation par mètre, par laquelle je multiplie la longueur 66,40; j'ai pour augmentation totale 5 mèt. 69 cent. que j'additionne avec 32 mètres; j'ai ainsi la ligne séparative égale à 37 mètres 69. Je multiplie la longueur 66,40 par la largeur moyenne 34,845; mais je n'obtiens que 2313 mètres carrés au lieu de 2324 ; il manque donc à cette partie 11 mètres carrés que je vais lui rendre.

Je divise ces 11 mètres carrés par la ligne séparative 37 m. 69; le quotient = 0,30 que j'ajoute à 66 m. 40; la longueur vraie est en conséquence égale à 66 m. 70 cent.

La ligne séparative se trouve transportée à 0,30 cent.; elle a donc varié de 0,30 × 0,0857, ou de 0,03 cent. que j'ajoute à 37,69, et la ligne séparative vraie devient 37 m. 72 cent.

Si j'ajoute à 2324 les 672 mètres carrés que j'ai retranchés avant de commencer l'opération, j'aurai 2996 mètres carrés, ou la moitié de la surface totale.

Deuxième partie. Je retranche 66 m. 70, longueur de la première partie, de 140 mètres, longueur totale; il reste, pour la seconde partie, 73,30 qui, multipliés par la largeur moyenne 40 m. 86 = aussi 2996 mètres carrés.

Fig. 103.

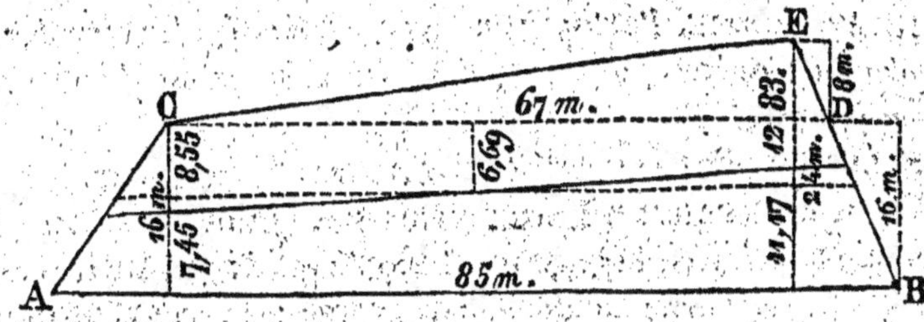

Opération.

PREMIÈRE PARTIE.

67 × 4 = 268 mètres carrés, surface du triangle CED.
742 mètres carrés — 268 = 474 à prendre dans le trapèze.

$\frac{67 + 85}{2} = \frac{76 + 67}{2} = 71$ mèt. 5, diviseur.

474 divisé par 71,5 = 6 m. 63, largeur à prendre dans le trapèze ABCD.

85 — 67 = 18 divisé par 16, largeur du trapèze, = 1 m. 125 augmentation par mètre.

6,63 × 1,125 = 7 m. 45, augmentation totale, + 67 = 74,45, ligne séparative approximative.

$\frac{74,45 + 67}{2} = 70,725 \times 6,63 = 469$ au lieu de 474 mètres carrés qu'il faut prendre dans le trapèze.

474 — 469 = 5 mètres carrés divisés par 74,45 = 0,06 à reprendre. 6 m. 63 + 0,06 = 6 mètres 69 centimètres, largeur vraie.

6,69 × 1,125 = 7,52 augmentation totale. 67 + 7,52 = 74,52, ligne séparative vraie.

DEUXIÈME PARTIE.

16 mèt. — 6 m. 69 = 9 m. 31 largeur moyenne.

$\frac{74 \text{ m. } 52 + 85}{2} = 79,76 \times 9$ m. 31 = 742 mèt. carrés.

Répartition des largeurs.

$\frac{16 + 24}{2} = 20$, largeur moyenne.

20 : 10,69 :: 24 : x =	12,83	24 — 12,83 =	11,17
20 : 10,69 :: 11 : x =	8,55	16 — 8,55 =	7,45
=	21,38	=	18,62
ôtez	8,00	½	
reste	13,38 largeur moyenne.	=	9,31
½			
=	6,69 largeur moyenne.		

14e **Problème.** *Partager en deux parties égales, en long, le trapézoïde (fig. 103), dont la surface est de 14 ares 84.*

Solution. Chaque partie devra avoir 742 mètres carrés.

La pièce étant irrégulière en tous sens, je forme le trapèze régulier ABCD; il reste le triangle CED, dont la surface est de 268 mètres carrés que je retranche de 742 m. q.; il reste 474 mètres carrés à prendre dans le trapèze régulier, ce que je fais par la méthode du n° 139 (Voir l'opération).

J'aurais donc à prendre sur toute la longueur, une largeur de 6 mètres 69 centimètres, et chaque partie aurait la surface qui lui revient. Mais de cette manière la seconde partie aurait une largeur égale sur toute sa longueur, et par conséquent un trapèze régulier, tandis que la première partie, au contraire, présenterait une grande irrégularité, puisque l'un de ses bouts serait très-large et l'autre serait étroit.

Outre cette irrégularité, il peut arriver que le terrain soit moins bon dans la partie la plus large, et alors le partage ne serait point fait avec intelligence ni avec équité. Voici la formule à suivre pour obtenir la répartition des largeurs d'une manière convenable :

La largeur moyenne totale est *à la largeur moyenne de l'une des parties,* comme *la largeur totale de chacun des bouts* est *à la largeur proportionnelle de chaque bout.*

Ainsi, dans la figure 103, j'ai pris pour premier terme de la proportion la moitié des deux largeurs totales, ou 20; pour le second terme la moitié de la perpendiculaire du triangle CED, plus la largeur 6,69 = 10,69; pour le troisième terme, 24, et le quatrième terme représenté par x = 12 m. 83 pour la largeur de la première partie dans le large bout. Je la retranche de la largeur totale 24, et il reste 11 m. 17 pour la largeur de l'autre partie.

Je fais une même proportion pour l'autre bout; je trouve pour la largeur de la première partie 8,55 que je retranche de 16 mètres, et il reste 7,45 pour la seconde partie.

J'aurais pu commencer par trouver les largeurs de la seconde partie, en prenant 9,31 pour second terme de la proportion : l'opération eût été moins compliquée.

Fig. 104.

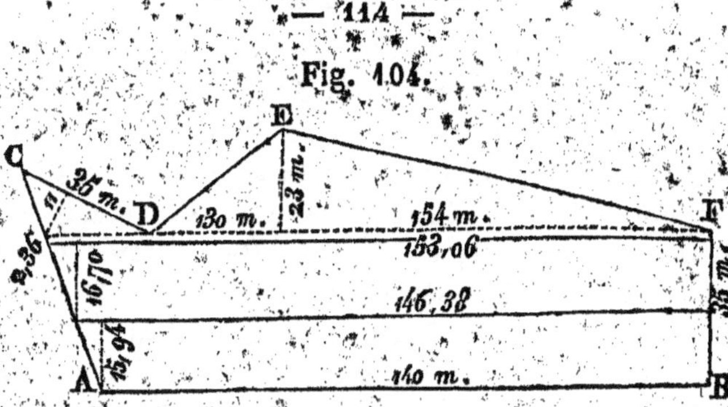

Opération.

PREMIÈRE PARTIE.

35 mèt. base CD × 5 m. 5 = 192 mèt. carrés, 5.
130 mèt. base DF × 11,5 = 1495 —
Total. 1687 mèt. q.

2050 — 1687 = 363 : 154 = 2 mèt. 36 à reprendre.
154 — 140 = 14 : 35 = 0 m. 4, diminution par mètre.
2 m. 36 × 0 m. 4 = 0 m. 94, diminution totale.
154 mèt. — 0,94 = 153 m. 06, ligne séparative.

DEUXIÈME PARTIE.

$$\frac{140 + 153,06}{2} = \frac{146,56 + 153,06}{2} = 149,81.$$

2500 mètres carrés divisés par 149,81 = 16,69 cent. largeur.
16,69 × 0 m. 4 = 6 m. 68, diminution totale.
153,06 — 6,68 = 146 m. 38, ligne séparative.

$\frac{153,06 + 146,38}{2}$ = 149,72 × 16,69 = 2499 mètres au lieu de 2500 ; il manque donc un mètre qui ne donne pas même un centimètre de largeur.

TROISIÈME PARTIE.

Additionnez 2,36 largeur donnée à la 1re partie
avec 16,70 — — 2e partie.
Total 19,06

De 35 m. 00 largeur totale
ôtez 19 06
reste 15, 94 largeur de la 3e partie.

$\frac{146,38 + 140}{2}$ = 143,19 × 15,94 = 22 ares 82 centiares.

15ᵉ **Problème.** *Partager en trois parties la figure 104, dont la surface est de 68 ares 32 centiares, de manière que la partie du côté qui présente de l'irrégularité ait 20 ares 50 centiares, la seconde 25 ares et la troisième 22 ares 82 centiares.*

Solution. — Première partie. J'évalue la surface des deux triangles; elle est égale à 1687 mètres carrés que je retranche de 2050 mètres carrés; il reste 363 que je divise par 154, longueur de la grande base du trapèze, et le quotient 2,36 = la largeur qui revient à cette première partie.

Je retranche la petite longueur de la grande, ou 140 de 154; il reste 14 mètres que je divise par 35 mètres, largeur du trapèze; le quotient 0 m. 4 = la diminution par mètre; par laquelle je multiplie la largeur 2,36; j'obtiens une diminution totale de 0 m. 94 que je retranche de 154 mètres, et il reste 153 m. 06 pour la longueur de la ligne séparative entre la première et la seconde partie.

Deuxième partie. Le restant de la pièce étant un trapèze régulier, j'opère d'après le principe du nº 139.

Je cherche la longueur moyenne du reste du trapèze, en prenant la moitié des deux longueurs 140 et 153,06; elle est de 146,56. Et comme la longueur moyenne de la seconde partie ne peut se trouver qu'entre 146,56 et 153,06, j'additionne ensemble ces deux longueurs; je prends la moitié de leur somme, par laquelle moitié, ou 149 m. 81, je divise 2500 mètres carrés. J'obtiens pour largeur 16 m. 69 que je multiplie par la diminution par mètre; le produit 6,68 = égale la diminution totale que je retranche de 153 m. 06, et il reste 146,38 pour la ligne séparative entre la deuxième et la troisième partie.

Je fais la preuve en multipliant la longueur moyenne, ou 149,72, par la largeur 16,69, et le produit = 2499 au lieu de 2500 mètres carrés; il ne manque donc que 1 mètre carré, ce qui donne à peine 0 m. 01 c. que j'ajoute à 16,69, et la largeur vraie = 16 m. 70.

Troisième partie. Les deux premières parties emportent ensemble une largeur de 19 m. 06 que je retranche de la largeur totale, et il reste 15 m. 94 pour la largeur de cette partie.

Fig. 105.

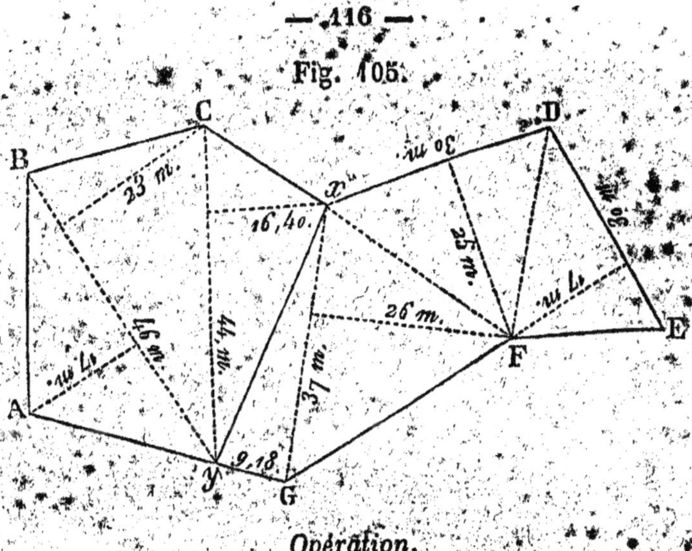

Opération.

PREMIÈRE PARTIE.

30 base DE × 8,5 = 255 mèt. carrés, surface DEF.
30 base Dx × 12,5 = 375 — DxF.
37 base xG × 13,0 = 481 — xGF.

Total. 1111 mèt. carrés.

1282 — 1111 = 170 divisés par 37 = 4,59 × 2 = 9 m. 18 = Gy.

DEUXIÈME PARTIE.

46 base By × 8,5 = 391 mèt. q., surface ByA.
46 base By × 11,5 = 529 — ByC.
44 base Cy × 8,20 = 361 — Cyx.

Total. 1281 mèt. carrés.

Fig. 106.

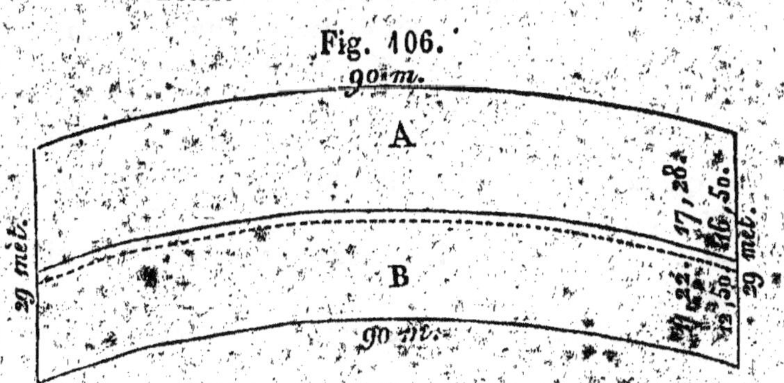

16ᵉ Problème. *Partager en deux parties égales, à partir du point x, la fig. 105, dont la surface est de 25 ares 62 centiares.*

Solution. Chaque partie aura une surface de 12 ares 81. Du point de départ x je tire la ligne diagonale xG ; je cherche la surface comprise entre $xDEFG$ et x ; elle est de 1111 mètres carrés au lieu de 1281 ; il manque par conséquent 170 m. q. à cette première partie. Je les divise par la diagonale xG de 37 mètres, et j'obtiens 4 m. 59. Mais comme le point x est invariable, je double cette largeur 4 m. 59, et j'ai 9 m. 18 à prendre sur la ligne GA.

Je vérifie la seconde partie, et je la trouve égale à la première.

RESTITUTION DE TERRAIN.

Pour être à même d'opérer les restitutions de terrain, même considérables, il suffit de comprendre parfaitement le principe général du nº 153.

Nous nous bornons en conséquence au seul exemple suivant :

17ᵉ Problème. *La partie A* (*fig.* 106) *doit avoir 16 ares, et la partie B ne doit avoir que 10 ares 10 centiares. Mesurer ces deux parties, et donner à chacune la largeur qui lui revient.*

La partie A a présentement 16 m. 50 de largeur qui, multipliés par la longueur 90 mètres, = 14 ares 85 au lieu de 16 ares. Il lui manque donc 115 mètres carrés.

La partie B a 12 m. 50 de largeur qui, multipliés par 90, = 1125 mètres carrés au lieu de 1010 ; elle a donc en plus les 115 mètres carrés qui manquent à la partie A.

Je divise ces 115 mètres carrés par la longueur 90 mètres ; le quotient 1 m. 28 = la largeur à restituer à la partie A. En sorte que cette partie doit avoir 16 m. 50, plus 1,28 = 17 m. 28, et la partie B ne doit avoir que 12 m. 50, moins 1,28 = 11 m. 22.

En effet, $17,28 \times 90 = 16$ ares, et $11,22 \times 90 = 10$ ares 10 centiares.

Remarque. Si les figures étaient irrégulières, et que le terrain à restituer fut considérable, il faudrait tenir compte de l'irrégularité des longueurs et des largeurs, en suivant les procédés que nous avons établis ci-dessus, ou ceux que nous allons donner ci-après.

AUTRE MÉTHODE

POUR LA DIVISION DU TRAPÈZE.

Nous avons donné (nos 139 et 140) la manière de partager le trapèze en un nombre quelconque de parties égales ou inégales, soit parallèlement, soit perpendiculairement aux bases.

Cette manière est simple, exacte et tout à fait pratique; celle que nous allons donner ici est encore plus simple, et donne des résultats également exacts.

Afin de mieux comparer nos deux méthodes, et pour éviter des répétitions inutiles, nous reprendrons les mêmes figures, et nous opérerons par conséquent sur les mêmes dimensions.

DIVISION DU TRAPÈZE PAR DES LIGNES PARALLÈLES AUX BASES.

141. *Comment peut-on encore déterminer la ligne séparative d'un trapèze qui doit être partagé en deux parties égales parallèlement aux bases?*

Pour déterminer la ligne séparative d'un trapèze qui doit être partagé en deux parties égales parallèlement aux bases, il faut faire les carrés des deux bases; retrancher le carré de la petite base de celui de la grande; prendre *la moitié* du reste obtenu; l'ajouter au carré de la petite base, et, du total, extraire la racine carrée, qui sera exactement la ligne séparative, ou ligne de division entre les deux parties.

142. *Comment détermine-t-on la hauteur de chaque partie?*

Pour avoir la hauteur de la première partie, c'est-à-dire de la partie du côté de la petite base, il faut retrancher la petite base de la ligne séparative, retrancher également la petite base de la grande; diviser le premier reste par le second, et multiplier le quotient par la hauteur totale du trapèze. Le produit sera exactement la hauteur du trapèze formant la première partie. Et retranchant cette hauteur de la hauteur totale, on aura la hauteur de l'autre partie.

APPLICATION.

1er **Problème.** *Partager en deux parties égales, parallèlement aux bases, le trapèze (fig. 98), dont la surface est de 20 ares?*

SOLUTION.

PREMIÈRE PARTIE.

Je fais le carré de la grande base qui a 90 mètres de longueur : (90 × 90) = 8100.

Je fais également le carré de la petite base qui a 70 mètres de longueur : (70 × 70) = 4900 que je retranche du carré de la grande base : (8100 — 4900) = 3200 ; je prends la moitié de ce reste : (3200 divisé par 2) = 1600 que j'ajoute au carré de la petite base : (4900 + 1600) = 6500 dont la racine carrée égale 80 mèt. 62, à moins d'un centimètre près.

La ligne qui divise en deux parties égales le trapèze proposé est donc égale à 80 m. 62 cent. au lieu de 80 mèt. 66 cent. selon la première méthode, différence insignifiante qui provient des restes.

Opération.

Multipl. 90 mèt. gr. base
par 90 — idem.
= 8100 carré de la gr. base
ôtez 4900 carré de la petite base
reste 3200

Multipl. 70 mèt. petite base
par 70 — idem.
= 4900 car. de la petite b.

Reste 3200
1/2 = 1600
\+ 4900 carré de la petite base

```
√ 65.00      | 80 mèt. 62 ligne de division.
  1 000.0    |
   160.6     |
  --------   |
   036 40.0  |
    16 12.2  |
  --------   |
    04 15 6  |
```

Le trapèze total se trouve ainsi divisé en deux autres trapèzes semblables dont nous allons trouver les hauteurs ou largeurs respectives.

Je retranche la petite base de la grande : (90 — 70) = 20.

Je retranche également la petite base de la ligne de division : (80,62—70) = 10,62 que je divise par le premier reste 20 : (10,62 divisé par 20) = 0,531 que je multiplie par 25 m. hauteur du trapèze; et le produit 13,285 = la hauteur de la première partie, c'est-à-dire la partie du côté de la petite base. On voit que cette largeur est exactement la même que celle que nous avons trouvée par la première méthode.

Opération.

```
De 90 mèt. grande base    De 80,62 ligne de division
ôtez 70 — petite —        ôtez 70,00 petite base.
reste 20 mètres.          Divisez 10.62 | 20
                                   0 62 | 0,531×25 = 13m,285
                                    020 |
                                      0 |
```

Preuve.

Voyons maintenant si notre partage est bien fait, et si nous avons réellement la moitié de la surface totale du trapèze, ou 10 ares.

Opération.

Additionnez	80,62	ligne séparative
avec	70,00	petite base.
=	150,62	
1/2 =	75,31	longueur moyenne
×	13,28	largeur.
	602 48	
	1506 2	
	22593	
	7531	
=	1000,11 68	= 10 ares.

DEUXIÈME PARTIE.

En retranchant la hauteur de la première partie, ou 13 m. 28, de la hauteur totale du trapèze, nous aurons nécessairement la hauteur de la seconde partie : (25 — 13,28) = 11,72 centimètres.

NOTA. *Dans les opérations de ce genre, on ne tient pas compte des millièmes.*

Preuve.

Voyons ensuite si cette seconde partie renferme 10 ares.

Opération.

Additionnez	80,62	ligne de division
avec	90,00	grande base.
=	170,62	
1/2 =	85,31	longueur moyenne.

Multipl. 85,31 longueur moyenne
par 11,72 largeur.

17062
59717
8531
8531

= 999,8332 = 10 ares à moins d'un c^{re}. près.

143. *Comment détermine-t-on les lignes de division d'un trapèze qui doit être partagé en trois parties égales parallèlement aux bases.*

Pour déterminer les lignes de division d'un trapèze qui doit être partagé en trois parties égales parallèlement aux bases, il faut (comme pour la division en deux parties) faire les carrés des deux bases ; retrancher le carré de la petite base de celui de la grande ; prendre le *tiers* du reste obtenu ; l'ajouter au carré de la petite base ; et, du total, extraire la racine carrée qui sera la ligne de division entre la première et seconde partie.

Pour avoir la ligne séparative entre la deuxième et la troisième partie, on opérera de la même manière que pour la première partie, sauf à prendre *les deux tiers* de la différence des carrés des deux bases.

Comment obtient-on les hauteurs respectives de chaque partie d'un trapèze divisé en trois parties égales, parallèlement aux bases ?

Pour avoir la hauteur de la 1re partie d'un trapèze partagé en trois parties égales, parallèlement aux bases, il faut retrancher la petite base de la grande ; retrancher également la petite base de la ligne séparative entre la 1re et la 2e partie ; diviser ce dernier reste par le premier ; multiplier le quotient par la hauteur totale du trapèze, et le produit sera la hauteur de cette première partie.

Pour avoir la hauteur de la seconde partie, il faut retrancher la petite base de la ligne séparative entre la 2e et la 3e partie ; diviser le reste par la différence de la petite à la grande base; multiplier le quotient par la hauteur totale du trapèze, et le produit sera la hauteur des deux premières parties, dont on retranchera la hauteur de la 1re, et il restera la hauteur de la seconde.

Pour avoir la hauteur de la 3e partie, il suffit de retrancher l'ensemble des hauteurs des deux premières parties de la hauteur totale du trapèze. Le reste sera nécessairement la hauteur de cette 3e partie.

APPLICATION.

2e **PROBLÈME.** *Partager en trois parties égales, parallèlement aux bases, le trapèze (fig. 99), dont la surface est de 23 ares 24 centiares.*

SOLUTION.

PREMIÈRE PARTIE.

NOTA. *Ce trapèze ainsi divisé formera trois trapèzes semblables qui auront chacun 7 ares 74 centiares 66 centièmes.*

Je fais le carré de la grande base : (90 × 90) = 8100.

Je fais également le carré de la petite base : (76 × 76) = 5776 que je retranche du carré de la grande base : (8100 — 5776) = 2324.

Je prends le tiers de ce reste : (2324 : 3) = 774,6666 que j'ajoute au carré de la petite base : (5774 + 774,6666) = 6550,6666 dont la racine carrée (80 m. 94) égale la ligne de division entre la 1re et la 2e partie.

Opération.

Multipl.	90 m. grande base		Multipl.	76 m. petite base
par	90 m. idem.		par	76 m. idem.
=	8100 carré de la grande base			456
ôtez	5776 carré de la petite base			532
reste	2324		=	5776 carré de la p. b.

Reste 2324

```
1/3 =  774,6666
     + 5776,0000 carré de la petite base.
       ___________|
       65.50,66.66 |80 m. 94 ligne de division.
         1506.6    |
          160.9    |
         ______    |
          5856.6   |
          1618.4   |
           ....    |
```

Pour avoir la hauteur du trapèze formant la 1re partie, je retranche la petite base de la grande : (90—76) = 14.

Je retranche également la petite base de la ligne de division : (80,94 — 76) = 4,94 que je divise par le premier reste : (4,94 : 14) = 0,3528 que je multiplie par 28 m., hauteur totale du trapèze; et le produit 9 m. 87 = la hauteur de la 1re partie.

Opération.

```
 De   90 m. grande base       De 80,94 ligne séparative
 ôtez 76 m. petite idem       ôtez 76,00 petite base.
 ______________________       ______________________
reste 14              Divisez 4,94 | 14
                               074 |________________
                                040| 0,3528×28=9m.87
                                120|
                                 08|
```

Preuve.

```
Additionnez      76 m. petite base
avec             80,94 ligne séparative.
                ____________
            =   156,94
                ____________
        1/2 =    78,47 longueur moyenne.
            ×     9,87 largeur.
              ______________
                 54929
                62776
               70623
          _________________
      =    774,4989 ou 7 ares 74 centiares 50 centièmes,
```

au lieu de 7 ares 74 centiares 66 centièmes. Cette différence en moins (16 centièmes de centiare) qui ne signifie rien, provient des restes de division.

DEUXIÈME PARTIE.

Je prends les deux tiers de la différence des carrés des deux bases (n° 143, dernier alinéa) : $\frac{(2324 \times 2)}{3} = 1549,3333$ que j'ajoute au carré de la petite base : $(5776 + 1549,3333) = 7325,3333$, dont la racine carré $=$ 85 m. 60 $=$ la ligne séparative entre la 2e et la 3e partie.

Opération.

```
Multipl. 2324, différence des carrés des deux bases,
par         2
Divisez  4648 | 3
         16   |------------
          14  |    1549,3333
           28 |  +5776,0000
            10| √ 73.25,33.33 | 85 m. 60 ligne
                   92.5       |-----------------
                   16.5       | de division entre
                  -------     | la 2me et la 3me
                  1003.3      | partie.
                   170.6      |
                  -------     |
                   ....       |
```

Pour avoir la hauteur du trapèze formant cette 2e partie, je retranche (n° 144, 2e alinéa) la petite base de la ligne séparative : $(85,60 - 76) = 9,60$ que je divise par 14, différence de la petite à la grande base : $(9,60 : 14) = 0,685$ que je multiplie par 28, hauteur totale, et le produit 19,18 $=$ la hauteur des deux premières parties dont je retranche celle de la première partie : $(19,18 - 9,87) = 9,31 =$ la hauteur de la 2e partie.

Opération.

De 85,60 ligne séparative	De 90 m. grande base
ôtez 76,00 petite base	ôtez 76 m. petite base
reste 9,60	reste 14 m.

```
reste 9,60 | 14
      1,20 |--------
       080 |  0,685
        10 | × 28 hauteur totale.
           ---------------
              5480
             1370
           ---------------
   De 19,180
   ôtez  9,87 hauteur 1re partie
   reste 9,31 hauteur 2e partie.
```

Preuve.

Additionnez	85,60 ligne sép. entre la 2e et la 3e partie	
avec	80,94 ———	la 1re et la 2e —

= 166,54

1/2 = 83,27 longueur moyenne
× 9,31 hauteur.

```
     8327
   24981
  74943
= 775,2437 = 7 ares 75 centiares 24 au lieu
```

de 7 ares 74 centiares 66 centièmes. Cette minime différence vient du dernier chiffre forcé à la racine carrée.

TROISIÈME PARTIE.

Retranchant de la hauteur totale les hauteurs réunies des deux premières parties, le reste égalera nécessairement la hauteur de la 3e partie : (28 — 19,18) = 8,82.

Preuve.

Additionnez 85,60 ligne sép. entre la 2e et la 3e partie
avec 90,00 grande base.

= 175,60

1/2 = 87,8 longueur moyenne
× 8,82 hauteur.

1756
7024
7024

= 774,596 = 7 ares 74 centiares.

Observation. Si l'on avait à partager un trapèze en 4, 5, etc., parties égales parallèlement aux bases, on emploierait les mêmes procédés qu'aux nos 141 et 143. Seulement au lieu de prendre la moitié ou le tiers de la différence des carrés des deux bases, comme dans les partages en 2 ou en 3 parties, on en prendrait le *quart, le cinquième*, etc., et on continuerait l'opération comme il est dit pour avoir les lignes de division.

Pour obtenir les hauteurs respectives de chaque partie, on emploierait les mêmes procédés qu'aux nos 142 et 144, ayant soin toutefois de prendre soit le $\frac{1}{4}$, les $\frac{2}{4}$ (moitié) ou les $\frac{3}{4}$, soit le $\frac{1}{5}$, les $\frac{2}{5}$, les $\frac{3}{5}$, ou les $\frac{4}{5}$ de la différence obtenue, selon que l'on voudrait avoir le $\frac{1}{4}$, la moitié, les $\frac{3}{4}$ ou le $\frac{1}{5}$, les $\frac{2}{5}$, les $\frac{3}{5}$, les $\frac{4}{5}$ de la hauteur du trapèze. Puis l'on continuerait les opérations comme dans les exemples précédents.

145. *Comment opère-t-on le partage d'un trapèze en plusieurs parties inégales, parallèlement aux bases?*

Pour partager un trapèze en plusieurs parties *inégales*, parallèlement aux bases, il faut d'abord connaître la surface que chaque partie doit avoir; faire de chaque surface partielle le numérateur d'une fraction qui ait pour dénominateur la surface totale du trapèze. Opérer ensuite le partage comme aux cas précédents.

3e PROBLÈME. *Partager en deux parties (en long) le trapèze (fig. 100), dont la surface est de 15 ares 40 centiares, de manière que la première partie (côté de la petite base) ait 6 ares 30 et la seconde 9 ares 10.*

SOLUTION.

PREMIÈRE PARTIE.

6 ares 30 centiares = 630 m. q., et 9 ares 10 centiares = 910 m. q.

La première partie est les $\frac{630}{1540}$ de la surface totale, et la seconde partie en est les $\frac{910}{1540}$. Je réduis ces deux fractions à des fractions plus simples (ce qui n'en change pas la valeur) en leur conservant un dénominateur commun : $\frac{630}{1540} = \frac{63}{154}$ et $\frac{910}{1540} = \frac{91}{154}$.

Je fais le carré de la grande base : $(88 \times 88) = 7744$.

Je fais aussi le carré de la petite base : $(66 \times 66) = 4356$ que je retranche du carré de la grande base : $(7744 - 4356) = 3388$ dont je prends les $\frac{63}{154}$: $\left(\frac{3388 \times 63}{154}\right) = 1386$ que j'ajoute au carré de la petite base : $(4356 + 1386) = 5742$ dont la racine carrée = 75 m. 78 = la ligne séparative entre les deux parties du trapèze proposé.

Opération.

Multipliez	88 m. grande base		Multipliez	66 m. petite base	
par	88 m.	idem.	par	66 m.	idem.
	704			396	
	704			396	
=	7744 car. de la gr. base		=	4356 carré de la petite base.	
ôtez	4356 car. de la petite base				
reste	3388				

Reste 3388
× 63 numérateur.

10164
20328

Div. 213444 | 154 dénominateur.
594
1324
0924
000

1386
\+ 4356 carré de la petite base.

√ 57,42 | 75 m. 78 lig. sép.
84.2
14.5
1170.0
150.7
11510.0
1514.8
. . . .

Pour avoir la hauteur de la première partie, je fais la différence de la petite à la grande base : (88 — 66) = 22.

Je fais aussi la différence de la petite base à la ligne séparative : (75,78 — 66) = 9,78 que je divise par le premier reste 22 : (9, 78 : 22) = 0,4445 que je multiplie par 20, hauteur totale du trapèze, et le produit 8 m. 89 égale exactement la hauteur de cette première partie.

Opération.

De 88 m. grande base
ôtez 66 m. petite base.
reste 22

De 75,78 ligne séparative
ôtez 66,00 petite base.

Divisez 9,78 | 22
098 | 0,4445
100
120
10

Multipliez 0,4445
par 20 hauteur totale.
= 8,8900 hauteur de la 1re partie.

Preuve.

Additionnez 66 m. petite base
avec 75 — 78 ligne séparative

= 141 m. 78

1/2 = 70 m. 89 longueur moyenne
× 8 m. 89 largeur.

63801
56712
56712

= 630,2121 = 6 ares 30 centiares.

DEUXIÈME PARTIE.

En retranchant la hauteur de la 1re partie de la hauteur totale du trapèze, il restera nécessairement la hauteur de la seconde partie : (20 — 8,89) = 11 m. 11 = la hauteur de la 2e partie.

Preuve.

Additionnez 75,78 ligne séparative
avec 88,00 grande base.

= 163,78

1/2 = 81,89 longueur moyenne
× 11,11 largeur.

8189
8189
8189
8189

= 909,7979 = 9 ares 10 à moins d'un centiare près.

4e PROBLÈME. *Partager en deux parties égales (par bout) le champ trapèze (fig. 101), dont la surface est de 24 ares 44 centiares.*

SOLUTION.

PREMIÈRE PARTIE.

Le procédé à suivre est en tous points le même que celui des nos 141 et 143.

En conséquence, je fais le carré de la grande largeur : (30×30) = 900.

Je fais aussi le carré de la petite largeur : (22×22) = 484 que je retranche du carré de la grande largeur : (900 — 484) = 416 dont je prends la moitié que j'ajoute au carré de la petite largeur : (416 : 2) = (208 + 484) = 692 dont j'extrais la racine carrée qui est de 26 m. 30 = la ligne séparative.

Opération.

Multipliez	30 m. grande larg^r		Multipliez	22 m. petite larg^r
par	30 m. idem.		par	22 m. idem.
	= 900 carré de la gr. larg^r			44
ôtez	484 carré de la petite larg^r			44
reste	416			= 484 car. de la p. larg.
	1/2 = 208			
	+ 484			
√	6.92		26 m. 30 ligne séparative.	
	29.2			
	46			
	160.0			
	523			
	03100			

Pour avoir la longueur du trapèze formant la première partie, je retranche la petite largeur de la grande ; (30 — 22) = 8.

Je retranche également la petite largeur de la ligne séparative : (26,30 — 22) = 4, 30 que je divise par le 1er reste 8 ; (4,30 : 8) = 0,538 que je multiplie par 94 m. longueur totale du trapèze; et le produit 50 m. 57 = la longueur de cette première partie.

Opération.

De	30 m. grande largeur	De	26 m. 30 ligne séparative	
ôtez	22 m. petite idem.	ôtez	22 m. 00 petite largeur.	
reste	8	Divisez	4,30	8
			30	0,538×94=50m57
			60	

Preuve.

Additionnez 26 m. 30 ligne séparative
avec 22 m. 00 petite largeur.
= 48 m. 30
1/2 = 24,15 largeur moyenne.
× 50,57 longueur.

16905
12075
120750

= 1221,2655 = 12 ares 22 cent. à moins d'un cent. près.

DEUXIÈME PARTIE.

En retranchant la longueur de la première partie de la longueur totale, il restera nécessairement la longueur de la seconde partie : (94 — 50,57) = 43,43.

Preuve.

Additionnez 26,30 ligne séparative
avec 30,00 grande largeur.
= 56,30

$\frac{1}{2}$ = 28,15 largeur moyenne
× 43,43 longueur.

```
        8445
       11260
       8445
     11260
= 1222,5545 = 12 ares 22 centiares.
```

NOTA. *Les restes de divisions et d'extractions de racines carrées empêchent d'arriver à des résultats très-rigoureux; ou bien il faudrait faire un très-grand nombre de chiffres décimaux, ce qui augmenterait considérablement la longueur des calculs, et ne donnerait en réalité que les mêmes résultats; car, dans l'application sur le terrain, on ne mesure jamais moins d'un demi-décimètre. Les opérations faites d'après nos deux méthodes doivent donc être considérées comme également exactes.*

DIVISION DES FIGURES IRRÉGULIÈRES.

5e Problème. *Partager en deux parties égales (par bout) le champ trapèze (fig. 102), dont la surface est de 59 ares 92 centiares.*

SOLUTION.

PREMIÈRE PARTIE.

Chaque partie aura 29 ares 96 centiares ou 2996 mètres carrés. Ce trapèze étant irrégulier, je retranche la surface du triangle (672 mètres carrés) de 2996 mètres carrés, et il reste 2324 m. q. à prendre dans le *reste* de la pièce, qui forme un trapèze régulier dont la surface est de (5992 m. q. — 672 m. q.) = 5320 m. q..

L'opération est alors ramenée au cas du troisième problème (no 145), c'est-à-dire qu'il reste à prendre les 2324/5320 ièmes de 5320 m. q.; cette fraction, réduite à sa plus simple expression, devient 581/1330.

Opération.

```
Multip. 44 m. grande largeur          Multipl. 32 m. petite largeur
Par     44 m.   idem.                 par      32    idem.
        176                                    64
       176                                    96
  = 1936 carré de la gr. largr           =  1024 carré de la p. largr
ôtez 1024 carré de la pet. largr         +   398,4
reste 912                             √   1422,40.00.00 | 37m.715
  ×  581 numérateur                         522          | ligne sé-
       912                                   6.7          | parative.
      7296                                  534.0
     4560                                   74.7
D. 529872 | 1330 Dr.                       1110.0
    13087 | 398.4                           754.1
    11172                                  35590.0
    05320                                   7542.5
     0000                                  .......
```

Pour avoir la longueur, je retranche la petite largeur de la grande : (44—32=12. Je retranche également la petite largeur de la ligne séparative : (37,715 — 32) = 5,715 que je divise par le premier reste : (5,715 : 12) = 0,47625 que je multiplie par la longueur 140 mètres, et le produit 66,68 = la longueur à prendre dans la partie régulière du trapèze.

Opération.

```
De 44 m. grande largeur        De 37,715 ligne séparative
ôtez 32 m. petite   idem       ôtez 32,000 petite largeur.
reste 12 m.                    Div. 5.715 | 12 m.
                                     91   | 0,47625
                                     075  |  × 140 longr.
                                      030 |  1905000
                                      060 |  47625
                                        0
                                          = 66,67500
```

Preuve.

Additionnez 37,715 ligne séparative
avec 32,000 petite largeur.
= 69,715
1/2 = 34,8575 largeur moyenne.
× 66,68 longueur.
2788600
2091450
2091450
2091450
= 2324,298100
+ 672 m. q. surface du triangle.
= 2996 m. q. ou 29 ares 96 centiares.

DEUXIÈME PARTIE.

Retranchant la longueur qui revient à la première partie de la longueur 140 mètres, il restera évidemment la longueur de la seconde partie (140—66,68)=73 m. 32.

PREUVE.

Additionnez 37,715 ligne séparative
avec 44,000 grande largeur.
= 81,715
1/2 = 40,8575 largeur moyenne.
× 73,32 longueur.
817150
1225725
1225725
2860025
= 2995,671900=29 ares 96 centiares à moins d'un centiare près.

6e PROBLÈME. *Partager en deux parties égales (en long) le trapézoïde (fig. 103), dont la surface est de 14 ares 84 centiares.*

SOLUTION.

PREMIÈRE PARTIE.

Chaque partie aura 7 ares 42 centiares ou 742 mètres carrés. La pièce étant irrégulière en tous sens, je forme le trapèze régulier AB DC ; il reste le triangle ECD dont la surface est de 268 m. q. que je retranche de 742 m. q. ; il reste 474 m. q. à prendre dans le trapèze régulier, dont la surface est de 1216 m. q. ; et l'opération est ramenée à partager la partie formant le trapèze régulier en deux parties telles, que la première ait 474 m. q. et la seconde 742 m. q.

Or (no 145) 474 m. q. représentent les $\frac{474}{1216}$ du trapèze régulier, ou, en réduisant, $\frac{237}{608}$

Opération.

Multipl. 85 m. g. base	Multipl. 67 m. p. base
par 85 m. idem.	par 67 m. idem.
425	469
680	402
= 7225 car. de la g. b. =	4489 carré de la p. b.
ôtez 4489 car. de la p. b. +	1066,5
reste 2736	√ 55.55,50.00 | 74,53 lig. séparative
× 237 numérateur.	6 5.5
19152	1 4.4
8208	0 7 95.0
5472	1 48.5
Div. 648432 | 608 Dr.	0 52 50.0
04043 | 1066,5	14 90.3
3952	07 79.1
3040	
000	

85 — 67 = 18		
74,53—67= 7,53	18	
0 33	0,4183	
150	× 16 hauteur.	
060	2 5098	
06	4 183	
	= 6,6928 largeur moyenne.	

Preuve.

$\frac{74,53+67}{2} \times 6,69 = 474$ m. q. à moins d'un m. q. près, à qoui il faut ajouter la surface du triangle : (474 m. q. + 268 m. q.) = 742 m. q. ou 7 ares 42 centiares.

DEUXIÈME PARTIE.

Retranchant 6 m. 69 de 16 mèt., il reste 9 m. 31 = la largeur de la seconde partie.

Preuve.

$\frac{74,53 + 85}{2} \times 9,31 = 742$ m. q. ou 7 ares 42 centiares.

RÉPARTITION DES LARGEURS.

Nous avons donné, page 113, la manière de répartir les largeurs des terrains de forme irrégulière, comme la fig. 103.

Nous allons faire ici la répartition des largeurs de cette même figure, en commençant par la seconde partie. Pour cela nous prendrons pour second terme de nos deux proportions la largeur moyenne de la seconde partie, c'est-à-dire 9 m. 31 (1).

(1) Nous faisons abstraction des triangles de chaque bout, ne pouvant opérer que sur des lignes parallèles (16 et 24 mètres, qui forment les largeurs du trapèze régulier.)

Opération.

20 : 9,31 :: 24 : x.		20 : 9,31 :: 16 : x.	
× 24		× 16	
3724		5586	
1862		931	
Div. 223,44	20	Div. 14896	20
023 034 144 04	11 m. 17 larg. du larg. bout	089 096	7 m. 45 larg^r. p. bout.

Retranchant ces largeurs des largeurs totales 24 et 16 mètres, il restera les largeurs respectives de la première partie : (24 mètres — 11 m. 17) = 12 m. 83, et (16 m. — 7 m. 45) = 8 m. 55.

7e **Problème.** *Partager en trois parties la figure* 104, *dont la surface est de* 68 *ares* 52 *centiares, de manière que la partie du côté qui présente de l'irrégularité ait* 20 *ares* 50 *centiares, la seconde* 25 *ares et la troisième* 22 *ares* 82 *centiares.*

SOLUTION.

TROISIÈME PARTIE.

Comme elle est distribuée, cette figure se compose de deux triangles et d'un trapèze régulier.

Les deux triangles ayant ensemble une surface de 1687 m. q., je les retranche de 2050 m. q., et il reste 363 m. q. à prendre dans le trapèze. Alors l'opération est ramenée à partager ce trapèze en parties proportionnelles aux nombres 363, 2500 et 2282 m. q. qui forment ensemble une surface de 5145, et que je représente par $\frac{363}{5145}$, $\frac{2500}{5145}$, $\frac{2282}{5145}$; puis j'opère comme dans les exemples ci-dessus, désignant, comme à la page 115, sous le nom de troisième partie celle qui se trouve du côté de la petite base AB, et par laquelle je commence l'opération (1).

(1) Le partage de cette figure, qui est opéré au moyen de la diminution par mètre, nous oblige à intervertir ici le classement des parties.

Je fais le carré de la grande base : $(154 \times 154) = 23716$. Je fais aussi le carré de la petite base : $(140 \times 140) = 19600$ que je retranche de 23716 ; il reste 4116 dont je prends les $\frac{2282}{5145}$ $\left(\frac{4116 \times 2282}{5145}\right) = 1825,6$ que j'ajoute au carré de la petite base $(19600 + 1825,6) = \sqrt{21425,6} = 146$ m. 38 ligne séparative entre la troisième et la seconde partie.

Pour avoir la largeur de la troisième partie, je fais la différence de la grande à la petite base : $(154 - 140) = 14$. Je fais également la différence de la ligne séparative à la petite base : $(146,38 - 140) = 6,38$ que je divise par le premier reste : $(6,38 : 14) = 0,4557$ que je multiplie par la largeur totale 35 m., et le produit 15 m. 94 = la largeur de cette troisième partie.

DEUXIÈME PARTIE.

Afin de simplifier les calculs, je réunis la surface de la deuxième partie à celle de la troisième et j'opère comme à l'ordinaire.

$\left(\frac{2500}{5145} + \frac{2282}{5145}\right) = \frac{4782}{5145}$. Je prends donc les $\frac{4782}{5145}$ de la différence des carrés des deux bases : $\left(\frac{4116 \times 4782}{5145}\right) = 3825,6$ que j'ajoute au carré de la petite base : $(19600 + 3825,6) = \sqrt{23425,6} = 153$ m. 06 = la ligne séparative entre la 2e et la 1re partie.

Pour avoir la largeur de cette seconde partie, je retranche la petite base de la ligne séparative entre la deuxième et la première partie : $(153,06 - 140) = 13,06$ que je divise par la différence des deux bases : $(13,06 : 14) = 0,9328$ que je multiplie par la largeur totale, et le produit 32 m. 64 = les largeurs réunies de la troisième et de la seconde partie, dont je retranche la largeur de la troisième partie.

$(32,64 - 15,94) = 16,70 =$ la largeur de la seconde partie.

Retranchant 32 m. 64 de la largeur totale, il restera nécessairement la largeur qui revient dans le trapèze à la première partie. $(35 - 32,64) = 2$ m. 36.

Ensuite on vérifie l'opération en calculant la surface de chaque partie d'après les dimensions trouvées, et d'après le procédé du n° 45.

OBSERVATION.

Les principes et les exemples que nous avons posés suffisent pour diviser, en un nombre quelconque de parties, les terrains les plus irréguliers. Quand on a effectué le partage de la première partie, on emploie le même procédé pour les autres.

PROBLÈMES.

1er *Combien faut-il de doubles-décalitres de blé pour ensemencer 47 ares de terrain, sachant que pour un are il en faut 2 litres 25 centilitres?*

SOLUTION. Pour 1 are il faut 2 l. 25;

pour 47 ares il faudra 2,25 × 47 = 105,75.

On sait qu'un double-décalitre contient 20 litres.

Or, 105 l. 75 divisés par 20 = réponse 5 doubles-décal., plus 5 litres 75 centilitres.

2° *On veut établir un château d'eau ayant 17 mètres de profondeur et 2 m. 25 de diamètre : combien contiendra-t-il d'hectolitres d'eau ?*

SOLUTION. 7 : 22 :: 2 m. 25 : x = 7 m. 07 de circonférence qui, × le 1/4 du diamètre ou 0,5625, = 3 m. q. 9769 surface du cercle.

3 m. q. 9769 × 17 m. de profondeur = 67 m. c. 607.

Or, un mètre cube contient mille litres, et 67 m. c. 607 contiennent 67607 litres = réponse 676 hectolitres 07 litres.

3e *Combien faut-il payer pour une pierre de taille qui a 2 m. 15 de longueur, 1 m. 45 de largeur et 0 m. 75 d'épaisseur, à raison de 28 fr. 80 le mètre cube?*

SOLUTION. 2 m. 15 × 1 m. 45 = 3 m. q. 1175 × 0 m. 75 = 2 mètres cubes 338125 × 28 fr. 80 = réponse 67 fr. 34.

4e *Combien faut-il payer pour une poutre qui a 1 m. 28*

de circonférence au milieu, et 8 m. 45 de longueur, à raison de 45 fr. 50 le mètre cube? (5ᵉ réduit).

Solution. 1 m. 28 divisé par 5 = 0 m. 256, équarrissage. 0 m. 256 × 0 m. 256 = 0 m. q. 065536 × 8 m. 45 = 0 m. c. 554 décimètres cubes qui, multipliés par 45 fr. 50 = réponse 25 fr. 20 centimes.

Nota. Pour suivre le vrai principe du n° 128, il faudrait retrancher le cinquième ou 0,256 de la circonférence 1 m. 28, et diviser le reste 1 m. 024 par 4 ; mais le résultat étant le même, on doit toujours préférer la voie la plus courte, quand on sait se rendre compte des opérations.

5ᵉ *Combien faut-il de planches de 3 mètres de longueur sur 0 m. 25 de largeur, pour planchéier une salle longue de 9 mètres et large de 7 mètres?*

Solution. 3 m. × 0,25 = 0 m. q. 75, surface d'une planche. 9 m. × 7 m. = 63 mètres carrés, surface de la salle.

Autant de fois la surface d'une planche sera contenue dans la surface de la salle, autant de planches il faudra, ce qui revient à diviser 63 par 0,75 = réponse 84 planches.

6ᵉ *Combien faut-il de tuiles pour couvrir un toit long de 15 m. 60 et large de 6 m. 80, sachant qu'un mille de tuiles couvre 16 mètres carrés?*

Solution. 15,60 × 6,80 = 96,08 décimètres carrés, surface du toit.

Pour 16 mètres carrés, il faut un mille de tuiles; pour 106,08 il faudra 1000 × 106,08 divisé par 16 = réponse 6630 tuiles.

7ᵉ *Combien faut-il payer pour mettre en couleur une salle longue de 11 mètres, large de 7 m. 40 et haute de 4 mètres, sachant qu'on paye 1 fr. 50 du mètre carré pour les côtés, et 1 fr. 90 pour le plafond?*

Solution. 11 m. de long × 4 m. de haut = 44 mètres × 2 = 88 mètres carrés, surface des deux grands côtés.

7,40 de large × 4 de haut = 29,60 × 2 = 59,20, surface des deux petits côtés.

88 + 59,20 = 147,20 surface des quatre côtés, × 1,50 = 220 fr. 80.

11 m., longueur du plafond, × 7,40, largeur, = 81,70, surface, × 1,90 = 160 fr. 93.

220 fr. 80 + 160 fr. 93 = réponse 381 fr. 73.

8e *Un terrain de forme triangulaire ayant 90 mètres de base et 28 mèt. 90 de hauteur, doit être échangé contre un terrain de forme rectangulaire ayant une longueur double de sa largeur. Quelles en seront les dimensions?*

Solution. 90 mètres de base × 14,45, moitié de la hauteur. = 1300 mètres carrés 5 dixièmes.

Ce rectangle devant avoir une longueur double de sa largeur, n'est autre chose que la réunion de deux carrés égaux.

Or, la racine carrée de 650,25, ou la moitié de la surface totale, = 25 m. 5, ou la largeur qui, × 2, = 51 mètres pour la longueur.

En effet, 51 × 25,5 = 1300 mèt. q. 5 dixièmes.

9e *Quelle doit être la longueur d'une échelle qui puisse atteindre le dessus d'un mur ayant 8 mètres de hauteur, sachant que le pied de l'échelle doit être placé à 6 m. du mur?*

Solution. L'échelle ainsi placée formera l'hypothénuse d'un triangle rectangle ayant 6 mèt. de base et 8 m. de hauteur.

Le no 93 établit que le carré de l'hypothénuse de tout triangle rectangle est égal à la somme des carrés des deux côtés opposés qui forment l'angle droit.

Or, 6 × 6 = 36, carré de la distance du mur à l'échelle.
8 × 8 = 64, carré de la hauteur du mur.

36 + 74 = 100, dont la racine carrée est 10.

La longueur de cette échelle doit donc être de 10 mètres. (Voir no 95.)

10e *La surface d'un pré triangulaire est de 20 ares 50 centiares; il forme un triangle isocèle dont la base est 50 mètres; quelle est la hauteur de ce triangle?*

Solution. La surface d'un triangle quelconque étant égale au produit de sa base par la moitié de sa hauteur (no 55), exprimons par x la hauteur du triangle proposé.

Nous aurons :

50 × (x : 2) = 20 ares 50 c., ou 2050 mètres carrés.

Or (no. 133), en divisant cette superficie par la moitié de

la base, ou 25, le quotient exprimera la hauteur cherchée : (2050 : 25) = 82 mètres. En effet, 50 × (82 : 2) = 2050 mètres carrés.

11° *Un propriétaire veut entourer d'arbrisseaux un jardin dont la forme triangulaire est un triangle rectangle qui a 41 mètres de base et 61 mètres de hauteur : combien en faudra-t-il, sachant qu'ils doivent être espacés également à 2 mètres, et qu'ils doivent être plantés conformément à l'art. 671 du code civil, c'est-à-dire à un demi-mètre de la ligne séparative avec les héritages qui y sont contigus ; enfin, quelle sera la dépense du propriétaire, s'il paye 50 centimes chaque arbrisseau et que, pour les planter, son jardinier emploie 3 journées et demie à 1 fr. 75 par jour?*

Solution. Pour conserver entre les héritages la distance exprimée dans la question, il faut retrancher un demi-mètre à chaque extrémité des lignes formant la base et la hauteur du triangle proposé ; ce qui réduit la base à 40 mètres, et la hauteur à 60, c'est-à-dire que ces arbrisseaux doivent être plantés sur les côtés d'un triangl de 40 mètres de base et 60 mèt. de hauteur.

Je détermine l'hyphoténuse (côté opposé à l'angle droit) au moyen du principe n° 95. Je fais les carrés des deux côtés qui forment l'angle droit : (40 × 40) = 1600. (60 × 60) = 3600 + 1600 = $\sqrt{5200}$ = 72 mètres et un faible reste que je néglige.

Or, (40 + 60 + 72) = 172 mèt. = la longueur totale des trois côtés de ce triangle.

Ces arbrisseaux devant être espacés à 2 mètres, il en faudra (172 : 2) = 86.

Puisqu'un arbrisseau coûte 0 fr. 50, 86 arbrisseaux coûteront 86 fois plus, ou 0 fr. 50 × 86 = 43 francs.

3 journées à 1 fr. 75 l'une = 5 fr. 25, plus une demi-journée de 0 fr. 88 = (6 fr. 13 + 43 fr.) = 49 fr. 13 = la dépense totale du propriétaire.

12° *M. Paul veut clore de murs un verger rectangulaire sept fois plus long que large, dont la surface est de 1 hectare 12 ares : combien dépensera-t-il, s'il paye à raison de 2 fr. 25 le mètre superficiel, sachant que les murs doivent avoir une hauteur égale de 2 m. 80 centimètres?*

Solution. Ce verger ayant une longueur septuple de sa largeur, renferme sept carrés égaux, ayant pour côtés la largeur même de ce verger.

Or, la septième partie de 1 hectare 12 ares ou 11200 mètres carrés = (11200 : 7) = 1600 m. q. dont j'extrais la racine carrée. : $\sqrt{1600}$ m. q. = 40 m. = la largeur de ce verger.

Puisqu'il est sept fois plus long que large, sa longueur est donc égale à 40 × 7 = 280 mètres.

Chaque côté de la longueur étant de 280 m., les murs des deux grands côtés ont ensemble une longueur de 280 × 2 = 560 mètres; et ceux de la largeur ont ensemble 40 × 2 = 80 mètres qui, ajoutés à 560 = 640 = la longueur totale des murs qu'il faut multiplier par la hauteur : (640 × 2,80) = 1792 m. q. qui, à 2 fr. 25 l'un, font 4032 francs, somme que M. Paul doit dépenser pour la clôture de son verger.

13. *Combien faut-il de peupliers pour entourer un étang de forme circulaire ayant une surface de 45 ares 40 centiares, sachant qu'ils doivent être espacés également dans la proportion de 7 mètres pour 5 peupliers, et qu'ils doivent être plantés à 1 m. 20 centimètres des bords de l'étang (extérieurement)?*

Solution. La surface du cercle étant au carré du diamètre comme 11 est à 14 (n° 81), cherchons d'abord le diamètre; nous aurons :

11 : 14 :: 4540 : x = 5778,1818 = le carré du diamètre dont il faut extraire la racine carrée, qui est de 76 mèt. = le diamètre.

Puisque les peupliers doivent être plantés à 1 m. 20 des bords, ils seront donc plantés sur un cercle ayant un diamètre de 76 + (1,20 × 2) = 78 m. 40 dont nous obtiendrons la circonférence au moyen du rapport 7 : 22 (n° 77), et nous aurons ;

7 : 22 :: 78,40 : x; d'où x = 246 m. 40 = la circonférence ou ligne sur laquelle les peupliers doivent être plantés.

Mais ils doivent être espacés également dans la proportion de 7 mètres pour 5 peupliers.

Or, sur 7 mètres on plante 5 peupliers.

sur 1 — — $\frac{5}{7}$

Et sur 246,40 — $\frac{5 \times 246,40}{7}$ = Réponse 176 peupl[rs].

14e *On demande la surface d'un réservoir de forme rectangulaire dont la longueur est quintuple de sa largeur, sachant qu'il est entouré de 240 saules espacés également dans la proportion de 9 mètres pour 5 saules ?*

Solution. Exprimons par x le nombre de saules plantés sur la largeur; $5x$ représenteront ceux qui existent sur la longueur.

Or, $x + 5x = 6x = 240$; $x = 240$ divisés par $6 = 40$. Mais ce réservoir a deux largeurs parallèles; donc, 40 divisé par 2 = 20 = exactement la quantité de saules plantés sur la largeur de chaque bout.

Puisqu'il y en a cinq fois plus sur la longueur que sur la largeur, il y en a donc, sur un côté de la longueur, $20 \times 5 = 100$.

Puisque 5 saules occupent un espace de 9 mètres

1 — — — de $\frac{9}{5}$

20 — — — $\frac{9 \times 20}{5}$ = 36 mèt.

Et 100 — — — $\frac{9 \times 100}{5}$ = 180 m.

La longueur de ce réservoir est donc de 180 mètres et sa largeur de 36 mètres.

Or (n° 39), 180 m. × 36 m. = Réponse 64 ares 80 centiar.

15. *Un vigneron veut faire construire un vaisseau à bases elliptiques dont les diamètres soient 1 mètre 64 centimètres et 1 mèt. 28 : quelle en sera la hauteur intérieure, sachant qu'il devra contenir 20 hectolitres?*

Solution. Je détermine le diamètre moyen proportionnel entre les deux diamètres donnés (n° 88) : $(1,64 \times 1,28) = \sqrt{2,0992} = 1$ m. 45 diamètre moyen.

20 hectolitres ou 2000 litres = 2 mètres cubes (voir notre

arithmétique, n° 82). En divisant le produit de trois facteurs par le produit de deux de ces mêmes facteurs, on découvre l'autre facteur.

Or, en divisant 2 m. c. par la surface du cercle de l'une des bases, le quotient donnera la hauteur du vaisseau : (2 m. c. : 1,6493) = Réponse 1 mèt. 21 cent., à moins d'un centimètre près.

16e. *Pour faire une boule destinée à être placée au-dessus d'un clocher, un ouvrier a employé 40 feuilles de fer-blanc de 0 m. 48 cent. de largeur. Quel est 1° le diamètre de cette boule, sachant que chaque feuille travaillée et posée se réduit à 0 m. 45 sur 0 m. 30; quel est 2° le prix qu'elle a coûté, sachant que, mise à sa place, on a payé l'ouvrier à raison de 12 fr. le mètre carré?*

SOLUTION. La surface de cette boule est égale à la surface du fer-blanc employé (feuilles réduites). Or, 0,45 × 0,30) = 0 m. q. 1350 = la surface d'une feuille qui, multipliée par 40 feuilles (0,1350 × 40) = 4 m. q. 40 = la surface de cette boule.

La surface d'une sphère étant quatre fois plus grande que celle d'un de ses plus grands cercles, il s'ensuit qu'en divisant sa surface par 4, on obtient la surface d'un de ses plus grands cercles.

Ainsi, 4 m. q. 40 divisés par 4 = 1 m. q. 10 = la surface d'un des plus grands cercles de cette boule.

Alors notre problème est ramené à trouver le diamètre d'un cercle dont la surface est de 1 m. q. 10; ce que nous obtiendrons au moyen de la proportion suivante (n° 81) :

$$11 : 14 :: 1,10 : x = \sqrt{1,40} = 1 \text{ m. } 1833 \text{ ou le diamètre.}$$

Proposons-nous, pour vérification, de retrouver la surface de cette boule.

Le n° 123 enseigne que la surface de la sphère est égale au produit de la circonférence ou longueur de l'un de ses grands cercles par son diamètre.

Cherchons d'abord la circonférence :

7 : 22 :: 1,1833 : x = 3,72 = la circonférence qui, multi-

pliée par le diamètre 1,1833 = 4 m. q. 40 ou la surface de la boule proposée.

Puisqu'un mètre carré coûte 12 fr., 4 m. q. 40 coûteront 12 × 4,40 = 52 fr. 80.

Cette boule a donc 1 m. 1833 dix-millimètres de diamètre et elle a coûté 52 fr. 80 centimes.

17° *Un fermier a vendu une meule de foin dont la hauteur verticale est de 12 mètres, la circonférence de la base inférieure de 44 mètres, et le diamètre de la base supérieure de 2 m. 80 centimètres. Combien devra-t-on lui payer à raison de 40 fr. les mille kilogr., sachant qu'un mètre cube de ce foin pèse 62 kilogr. et demi?*

SOLUTION. Cette meulé représente un tronc de cône; elle en a par conséquent la mesure (n° 121).

Je calcule la surface de la base supérieure au moyen du rapport 0,7854.

NOTA. *Les rapports 14 : 11 et 0,7854 du cercle au carré du diamètre sont exacts et peuvent indifféremment être employés pour trouver la surface du cercle. Le second (0,7854) est même plus rigoureusement exact que le premier, et l'application en est aussi fort simple : il suffit de multiplier le carré du diamètre par ce rapport, dont le produit donne exactement la surface du cercle.*

(2 m. 8 × 2 m. 8 × 0,7854) = 6 m. q. 16 surface. Je calcule également la suface de la base inférieure ; mais je dois d'abord en découvrir le diamètre.

22 : 7 :: 44 m. : x = 14 m. (14 × 14 × 0,7854) = 154 m. q. surface. Je calcule ensuite la surface moyenne proportionnelle entre ces deux bases.

$(154 \times 6,16) = \sqrt{948,64} = 30$ m. q. 80.

Enfin je multiplie la somme de ces trois surfaces par la hauteur 12 mètres; je prends le tiers du produit, et j'obtiens exactement le volume de cette meule :

(154 + 6,16 + 30,80) = (190,96 × 12 : 3) = 763 mètres cubes 840 décimètres cubes.

Puisque un mètre cube de ce foin pèse 62 kilogram. 5 hect., 763 m. c. 840 pèseront 62,5 × 763,840 = 47740 kilogrammes.

Puisque 1000 kilogr. sont payés 40 fr., 1 kilogr. est payé mille fois moins ou 0 fr. 04 c., et 47740 kilogr. seront payés 0,04 × 47740 = réponse 1909 fr. 60 c.

18ᵉ *Quelle est la longueur intérieure qu'il faut donner à un tonneau qui doit contenir exactement 200 litres, sachant que le diamètre du bouge doit être de 0 m. 621, et celui des fonds de 0 m. 552 millimètres?*

Solution. Un tonneau pouvant être considéré comme composé de deux troncs de cônes accolés par leurs grandes bases (voyez le renvoi, page 81), je calcule la surface d'un des fonds (nᵒˢ 77 et 76) et celle du bouge :

7 : 22 : : 0,552 : x = (1,735 × 0,552 : 4) = 0 m. q. 2394.

7 : 22 : : 0,621 : x = (1,95 × 0,621 : 4) = 0 m. q. 3027.

Ensuite je calcule la surface moyenne proportionnelle :

(0,2394 × 0,3027) = $\sqrt{0,07246038}$ = 0,2692 que j'ajoute aux deux premières : (0,2394 + 0,3027 + 0,2692) = 0,8112, dont je prends le tiers : (0,8112 : 3) = 0,2704, surface moyenne par laquelle je divise 0 m. c. 200 (ou 200 litres) : (0,200 : 0,2704) = 0 m. 740 millimètres = la longueur intérieure du tonneau proposé.

19ᵉ *Trouver le diamètre du bouge d'une futaille de 100 litres dont le diamètre des fonds est de 0 m. 438, et la longueur intérieure de 0 m. 587 millimètres, sachant que le diamètre des fonds est au diamètre du bouge comme 8 est à 9.*

Solution. 8 : 9 : : 0,438 : x = Réponse : 0,493 diamètre du bouge.

Preuve.

7 : 22 : : 0,438 : x = (1,3765 × 0,438 : 4) = 0 m. q. 1507 surface d'un fond.

7 : 22 : : 0,493 : x = (1,55 × 0,493 : 4) = 0 m. q. 1910 surface du bouge.

(0,1507 × 0,1910) = $\sqrt{0,02878370}$ = 0 m. q. 1696 surface moyenne proportionnelle.

(0,1507 + 0,1910 + 0,1696) = (0,5113 × 0,587 : 3) = 0 m. c. 100 décimètres cubes ou 100 litres.

20° *Connaissant seulement le diamètre du bouge d'une futaille de 50 litres, lequel est de 0 m. 391 millimètres, trouver la longueur intérieure de cette futaille et le diamètre des fonds, sachant que le diamètre du bouge est au diamètre des fonds comme 9 est à 8.*

Solution. 9 : 8 : : 391 : $x = 0{,}348$ en forçant le dernier chiffre.

Je calcule la surface du bouge : $(0{,}391 \times 0{,}391 \times 0{,}7854) = 0{,}1200$.

Je calcule celle de l'un des fonds : $(0{,}348 \times 0{,}348 \times 0{,}7854) = 0{,}0951$.

Je calcule aussi la surface moyenne proportionnelle :

$(0{,}1200 \times 0{,}0951) = \sqrt{0{,}01141200} = 0{,}1068$ surface.

J'additionne ensemble ces trois surfaces et je prends le tiers de leur somme : $(0{,}1200 + 0{,}0951 + 0{,}1068) = 0{,}3219 : 3 = 0{,}1073$ surface moyenne par laquelle je divise le volume de la futaille.

50 litres $=$ 0 m. c. 050 : 0,1073 $=$ 0 m. 466 millimètres $=$ la longueur intérieure de la futaille, perpendiculairement aux fonds.

Remarque. *Les volumes des corps semblables croissent comme les cubes de leurs dimensions. Or, si on double les dimensions d'une futaille quelconqne, la capacité est 8 fois plus petite ?*

Soit la futaille ci-dessus de 50 litres dont on veuille doubler les dimensions; on aura les dimensions d'une futaille de 400 litres de capacité ; ces dimensions seront pour le diamètre des fonds : $(0{,}348 \times 2) = 0{,}696$; pour le diamètre du bouge : $(0{,}391 \times 2) = 0{,}782$; et pour la longueur intérieure : $(0{,}466 \times 2) = 0{,}932$ millimètres. Si l'on veut avoir une futaille plus petite, de 25 litres, par exemple, il faut prendre la moitié des dimensions d'une futaille de 200 litres $(200 : 8) = 25$. Ces dimensions seront pour le diamètre des fonds : $(0{,}552 : 2) = 0{,}276$; pour le diamètre du bouge : $(0{,}621 : 2) = 0{,}3105$, et pour la longueur intérieure : $(0{,}740 : 2) =$ 0,m. 370 millimètres.

21° *Un propriétaire a fait construire un puits dont voici*

les dimensions : profondeur 15 mètres, diamètre supérieur 2 mètres, diamètre inférieur 1 mètr. 40 centim.; épaisseur des parois à leurs bases inférieures 1 mètr. 20 centimèt.; et diminuant régulièrement jusqu'à la partie supérieure, cette épaisseur est réduite à 0 mètr. 60 centimètres.

On demande combien ce puits lui a coûté, sachant : 1° que le mètre cube de pierres brutes coûte 1 fr. 25 cent.; 2° que 3 mètres cubes de ces pierres ne font que 2 mètres cubes 4 dixièmes de maçonnerie; 3° que le maître maçon a été payé à raison de 3 fr. 75 cent. le mètre cube; 4° enfin, que pour creuser ce puits et transporter les déblais, il a payé à raison de 2 fr. le mètre cube?

Solution. L'extérieur de ce puits, y compris les parois, est un cylindre droit à bases parallèles (n° 112); l'intérieur ou le vide est un tronc de cône aussi à bases parallèles.

Si l'on retranche le volume du cône du volume du cylindre, le reste sera nécessairement le volume des parois.

Je calcule le volume du cylindre : (2,6 × 2,6 × 0,7854) = 5 m. q. 3093 × 15 m. = 79 m. c. 640 décimètres cubes.

Je calcule ensuite le volume de la partie conique : (2 m. × 2 m. × 0,7854) = 3 m. q. 1416, surface de la base supérieure. (1,4 × 1,4 × 0,7854) = 1 m. q. 5394, surface de la base infér.

Je calcule aussi la surface moyenne proportionnelle : (3,1416 × 1,5394) = $\sqrt{4,83617904}$ = 2 m. q. 1985.

J'additionne ensemble ces trois surfaces et je prends le tiers de leur somme : (3 m. q. 1416 + 1 m. q. 5394 + 2 m. q. 1985) = (6 m. q. 8795 × 15 m. : 3) = 34 m. c. 398.

Le volume du cylindre étant de 79 m. c. 640 décimèt. cubes,
celui du tronc de cône de 34 m. c. 398

celui des parois est de 45 m. c. 242 décimèt. cubes.

Puisque 3 m. cubes de pierres ne font que 2 m. cubes 4 dixièmes de maçonnerie, 1 m. c. ne fait que 2,4 divisés par 3 = 0 m. c. 8 dixièmes.

En divisant 45 m. c. 242 par 0,8, le quotient 56 m. c. 3 dixièmes représentera la quantité de mètres cubes de pierres brutes employée à la construction des parois. Et 56,3 × 1 fr. 25 c. = 70 fr. 38 cent.

Le maître maçon ayant été payé à raison de 3 fr. 75 c. le mètre cube, a reçu 3 fr. 75 c. × 45 m. c. 242 = 169 fr. 66 c.

Enfin, la main-d'œuvre et le transport des déblais ont coûté 2 fr. × 79 m. c. 640 = 159 fr. 28 cent.

Ce puits a donc coûté (70 fr. 38 c. + 169 fr. 66 c. + 159 fr. 28 c.) = réponse 399 fr. 32 cent.

22ᵉ *Combien coûteraient 25 barres de fer qui ont chacune 6 mèt. 40 centimèt. de longueur, 0 m. 15 centimèt. de largeur et 0 m. 08 centimèt. d'épaisseur, à raison de 55 fr. 80 cent. les °/₀ kilogram., sachant qu'un décimèt. cube de fer en barre pèse 7 kilogram. 788 grammes?*

SOLUTION. Ces 25 barres de fer sont autant de parallélipipèdes réguliers. Or (nº 108), le volume d'un parallélipipède est égal au produit de la surface de sa base par sa hauteur.

Le volume de chaque barre est donc égal à (0,15 × 0,08 × 6,40) = 0 m. c. 076800, et celui de 25 barres est égal à (0,076800 × 25) = 1,920 décimètres cubes qui, multipliés par 7 kilogr. 788, poids d'un décimètre cube, = 14952 kilogr. 96 décagrammes.

Puisque 100 kilogr. coûtent 55 fr. 80 c., 1 kilogr. coûte 100 fois moins, ou 0 fr. 558 qui × 14952,96 = réponse 8343 fr. 75 cent.

23ᵉ *Combien doit-on payer pour transporter à 125 kilom. un arbre de moulin (cœur de chêne) de 9 mèt. de longueur et 0 m. 6 décimètres de diamètre, si l'on paye à raison de 15 fr. les °/₀ kilogram., sachant que le mètre cube cœur de chêne pèse 117 kilogram.?*

SOLUTION. Cet arbre est un cylindre droit dont le volume est égal au produit de la surface de sa base par sa hauteur (nº 114).

(0,6 × 0,6 × 0,7854) = (0 m. q. 282744 × 9m.) = 2 m. c. 544696 centimètres cubes.

Un mètre cube de chêne pèse 117 kilogr. et 2 m. c. 544696 pèsent (117 × 2,544696) = 297 kilogr. 73 décagram.

Puisque 100 kilogr. coûtent 15 fr. de transport, 1 kilogr.

coûte 100 fois moins ou 0 fr. 15 c. qui × 297,73 = réponse 46 fr. 66 cent.

24° *Un tas de sable pur, dont les côtés forment talus, a 1 mèt. 80 cent. de hauteur; la base inférieure a 6 mèt. 50 cent. de longueur et 3 mèt. 40 cent. de largeur; la base supérieure a 4 mèt. de longueur et 2 mèt. 20 cent. de largeur; quel en est le volume en mètres cubes, et quel en est le prix à raison de 0 fr. 90 cent. les mille kilogram., sachant que le poids spécifique d'un décimètre cube de sable pur est de 1 kilogram. 9 hectogram. ?*

SOLUTION. Ce tas de sable est un tronc de pyramide quadrangulaire, qui a la mesure du tronc de cône (n° 121); les bases sont par conséquent des rectangles dont je calcule la surface (n° 59).

(6 m. 50 × 3 m. 40) = 22 m. q. 10 surface de la base inférieure;
(4 m. × 2 m. 20) = 8 m. q. 80, surface de la base supérieure.

Je calcule la moyenne proportionnelle entre ces deux bases: (22 m. q. 10 × 8 m. q. 80) = $\sqrt{194,48}$ = 13 m. q. 94.

Je fais la somme de ces trois surfaces dont je prends le tiers: (22 m. q. 10 + 8 m. q. 80 + 13 m. q. 94) = (44 m. q. 84 : 3) = 14 m. q. 94 surface moyenne que je multiplie par la hauteur 1 m. 80 : (14 m. q. 94 × 1 m. 80) = 26 mètres cubes 892 décimètres cubes.

Or un décimètre cube de sable pur pèse 1 kilogr. 9 hectogr.; un mètre cube pèse mille fois plus ou 1900 kilogrammes, et 26 mètres cubes 892 décimètres cubes pèsent (1900 × 26,892) = 50094 kilogr. 8 hectogr.

Puisque 1000 kilogrammes coûtent 1 fr. 25 c., 1 kilog. coûte mille fois moins, ou 0 fr. 00 125 qui, multipliés par 50094, 8 = réponse 62 francs 62 centimes.

FIN.

TABLE DES MATIÈRES.

5***

FIN DE LA TABLE.

www.ingramcontent.com/pod-product-compliance
Lightning Source LLC
LaVergne TN
LVHW020019170826
845678LV00001B/57

* 9 7 8 2 3 2 9 7 8 9 7 5 0 *